Makramee ist eine jahrtausende alte Knüpftechnik aus dem arabischen Sprachraum, die in den letzten Jahren auch bei uns begeisterte Anhänger gefunden hat.

Ursprünglich haben die Frauen mit Makramee-Borten ihre Kleidungsstücke herausgeputzt (arabisch bedeutet Makramee „Schleier"), heute haben wir mannigfaltige Gebrauchsmöglichkeiten.

In diesem Band stellen wir ein umfangreiches Programm von Makramee-Lampen vor. Die Lampenschirm-Rohlinge sind im Fachhandel erhältlich.

Zum Knüpfen eignen sich alle im Handel angebotenen lichtechten Makramee-Garne.

Eine vollständige Knotenübersicht liegt bei.

Wir haben uns bemüht, die gängigen Bezeichnungen der einzelnen Knoten zusammenzustellen, damit durch unterschiedliche Knotenbenennungen keine Mißverständnisse entstehen.

Bei eigener Motivzusammenstellung dient zur Berechnung der Fadenlänge die Faustregel:

Fadenlänge = 8–10mal fertige Länge der Arbeit (Gestell).

Wir hoffen, mit unseren Entwürfen für jeden Geschmack etwas gefunden zu haben und wünschen ein gutes Gelingen.

Bärbel Wenzelburger
Inge Walz
Armin Täubner

Große Tischlampe

Material:

Lampengestell (40 x 40 cm,
40 cm hoch, rechteckig)
544 m Jute oder Viskose, 2,5 mm ∅
44 Großlochperlen, 2 cm ∅

Zuschnitt: 136 Fäden à 4 m

Knoten:

Weberknoten,
Wellenknoten,
Rippenknoten,
Erbsknoten,
Josefinenknoten,
Rosenknoten.

Arbeitsgang:
Zunächst über jede Längsstange einen Faden à 4 m zur Hälfte einfach einhängen und die Stangen fest mit Weberknoten umknüpfen. Unten rechts und links mit je einem Rippenknoten über die Längsstange abschließen.
In die Eckflächen je 8 Fäden à 4 m einfach zur Hälfte einhängen. Rechts und links aus je 4 Fäden (2 Arbeitsfäden, 2 Leitfäden) 8 Weberknoten untereinander knüpfen, zusammenfassen mit einem Erbsknoten (2 Arbeitsfäden, 6 Leitfäden). Nun 2 Bänder mit je 16 Weberknoten arbeiten und mit einem Erbsknoten zusammenfassen. So weitermachen bis zum unteren Rand. Die Mittelpartie mit einem Erbsknoten beginnen (2 Arbeitsfäden, 6 Leitfäden), dann 2 Bänder mit je 16 Weberknoten darunter arbeiten, wie in der oberen Abbildung auf Seite 4 verschlingen und mit einem Erbsknoten schließen. Das Muster bis zum unteren Rand arbeiten.
In die großen Flächen je 24 Fäden à 4 m zur Hälfte einhängen und wie folgt arbeiten:
1. Reihe: Eine Reihe Rippenknoten
2. Reihe: 12 Bänder mit je 7 Wellenknoten
3. Reihe: Äußerster Faden durch einen Weberknoten ziehen. 6 Fäden hängen lassen und 9 Bänder mit je 7 Wellenknoten versetzt

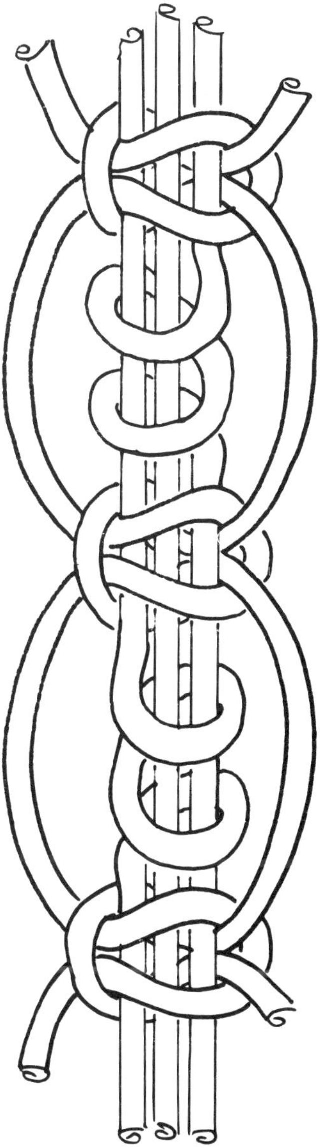

Rosenknoten

unter die obere Partie arbeiten, 6 Fäden hängen lassen.

4. Reihe: 10 Fäden hängen lassen, dann 6 Bänder mit je 7 Wellenknoten arbeiten, 10 Fäden hängen lassen.

5. und 6. Reihe: Außen einen Faden durch einen Weberknoten ziehen und von außen nach innen zur Spitze 2 Rippenknotenreihen knüpfen.

7. Reihe: Rechts und links außen mit je 10 Fäden 3 Rosenknoten untereinander arbeiten und von innen nach außen schräg 2 Rippenknotenreihen setzen, und Leitfaden am Rand durch einen Weberknoten ziehen.

8. Reihe: Mit 44 Fäden einen großen Josefinenknoten arbeiten (s. untere Abbildung).

9.-15. Reihe: Wie 7.-2. Reihe arbeiten.

16. Reihe: Äußersten Faden durch einen Weberknoten ziehen und waagerecht eine Reihe Rippenknoten unter die Wellenknoten arbeiten.

17. Reihe: 1 Erbsknoten, 3 Fäden hängen lassen, usw. Alle Fäden mit Rippenknoten an der unteren Stange befestigen. Ringsherum Fäden gleichmäßig durch 44 Großlochperlen ziehen und mit Überhandknoten befestigen.

Andere Gestaltung
des großen Mittelfeldes
bei gleichem Zuschnitt
des Materials

Gelbe Tisch- oder Hängelampe

Material:

291 m gelbe Viskose, 2,5 mm ∅
230 braune Großlochperlen, 1 cm ∅
Lampenschirmgestell (10 Felder, 40 cm ∅), 1 Häkelnadel

Zuschnitt:	*Knoten:*
60 Fäden à 3 m	*Wellenknoten,*
10 Fäden à 3,50 m	*Weberknoten,*
20 Fäden à 2 m	*Rippenknoten.*
20 Fäden à 1,80 m	

Arbeitsgang:
Man beginnt am unteren Rand der Lampe. Über jede Stange hängt man einen Faden à 3,50 m zur Hälfte einfach ein und umknüpft die Stange dicht mit Weberknoten. In die Zwischenfelder werden je 6 Fäden à 3 m zur Hälfte eingehängt, indem man zuerst eine Perle bis zur Hälfte aufzieht und den Faden dann mit einem Rippenknoten an der Stange befestigt. Pro Feld hat man nun 12 Fäden hängen.

Man knüpft jedes Feld extra wie folgt:

1. Reihe: 3 Bänder aus 7 Wellenknoten (2 Arbeitsfäden, 2 Leitfäden).

2. Reihe: Rechts und links durch einen Weberknoten je einen Faden à 2 m mit der Häkelnadel zur Hälfte einziehen und 4 Bänder mit je 7 Wellenknoten versetzt unter die 1. Reihe arbeiten.

3. Reihe: Rechts und links je einen Faden à 1,80 m zur Hälfte durch einen Weberknoten ziehen und 5 Bänder aus je 7 Wellenknoten versetzt unter die 2. Reihe knüpfen.

4. Reihe: 2 Fäden hängen lassen, 4 Bänder versetzt arbeiten, 2 Fäden hängen lassen.

5. Reihe: 4 Fäden hängen lassen, 3 Bänder versetzt arbeiten, 4 Fäden hängen lassen.

6. Reihe: 6 Fäden hängen lassen, 2 Bänder versetzt arbeiten, 6 Fäden hängen lassen.

7. Reihe: 8 Fäden hängen lassen, 1 Band versetzt arbeiten, 8 Fäden hängen lassen.

8. Reihe: Den äußersten Faden rechts und links durch einen Weberknoten ziehen und darüber 1 Rippenknoten arbeiten, dann eine Perle aufziehen und 2 Rippenknoten anschließen, 1 Perle – 2 Rippenknoten – 1 Perle – 2 Rippenknoten – 1 Perle – 2 Rippenknoten arbeiten. Beide Leitfäden durch eine Perle ziehen.

9. Reihe: Von innen nach außen eine Reihe Rippenknoten arbeiten und den Leitfaden durch einen Weberknoten ziehen.

10. Reihe: Über den gleichen Leitfaden eine Reihe Rippenknoten zurückarbeiten.

11. Reihe: Äußersten Faden rechts und links durch einen Weberknoten ziehen und eine Reihe Rippenknoten arbeiten; Leitfaden der Vorrunde nicht mit einarbeiten.

12. Reihe: Leitfaden der 11. Reihe wenden und schräg nach außen eine Reihe Rippenknoten knüpfen.

13. Reihe: Leitfaden der 10. Reihe unter Vorreihe legen, Rippenknoten darüber arbeiten.

14. Reihe: Rechts und links Leitfaden je durch einen Weberknoten ziehen und 1 Reihe Rippenknoten über den gleichen Leitfaden zurück arbeiten.

15. Reihe: Die beiden Fäden der mittleren Perle rechts und links als Leitfäden spannen, je 2 Rippenknoten – 1 Perle – usw. arbeiten und mit einem Rippenknoten abschließen. Leitfäden durch je einen Weberknoten ziehen.

16.-22. Reihe: Von der Mitte her versetzte Bänder aus 7 Wellenknoten arbeiten.

23. Reihe: Außen je 2 Fäden hängen lassen und 2 Bänder Wellenknoten arbeiten.

24. Reihe: Wieder 2 Fäden hängen lassen und 4 Bänder knüpfen. Fäden an der Stange vernähen.

25. Reihe: Rechts und links je 2 Fäden durch 1 Weberknoten ziehen, 2 Bänder knüpfen.

26.-28. Reihe: Bänder versetzt arbeiten.

29. Reihe: Je 2 Fäden hängen lassen und 2 Bänder knüpfen.

30.-33. Reihe: Versetzte Bänder arbeiten und alles mit Rippenknoten fassen. Fäden vernähen und verkleben.

Buntes Tischlämpchen

Material:

28 m beige Viskose, 2,5 mm ∅
28 m orange Viskose, 2,5 mm ∅
28 m rotorange Viskose, 2,5 mm ∅
28 m rote Viskose, 2,5 mm ∅
28 m hellgrüne Viskose, 2,5 mm ∅
28 m dunkelgrüne Viskose, 2,5 mm ∅
21 m braune Viskose, 2,5 mm ∅
Lampenschirmgestell, 14 Felder
(20 cm ∅, 20 cm hoch)

Zuschnitt:

14 beige Fäden à 2 m
14 orange Fäden à 2 m
14 rotorange Fäden à 2 m
14 rote Fäden à 2 m
14 hellgrüne Fäden à 2 m
14 dunkelgrüne Fäden à 2 m
7 braune Fäden à 3 m

Knoten:

Weberknoten, Wellenknoten,
Rippenknoten, Überhandknoten.

Arbeitsgang:
Beim Lampenschirm entfernen wir jede 2. Stange, um unsere Felder zu vergrößern. Über jede der 7 Stangen einen braunen Faden zur Hälfte einfach einhängen, und die Stangen fest mit Weberknoten umknüpfen. Nun in jedes Feld von links nach rechts 1 rotorangen, 1 orangen, 2 beige, 1 orangen, 1 rotorangen Faden zur Hälfte einhängen und arbeiten wie folgt:

1. Reihe: Von links nach rechts aus 3 Wellenknoten (nach links) ein Band knüpfen (immer 2 Arbeitsfäden, 2 Leitfäden nehmen), 1 Band aus 3 Wellenknoten nach rechts und nochmals ein Band aus 3 Wellenknoten nach rechts arbeiten.

2. Reihe: Jedes Band bei diesem Schirm besteht aus 3 Wellenknoten untereinander. Rechts und links in den braunen Weberknoten je einen roten Faden zur Hälfte durchziehen. Nun mit 2 roten und 2 rotorangen Fäden ein Band nach links arbeiten, daneben mit 2 orangen und 2 beigen Fäden ein Band nach links, dann mit 2 beigen und 2 orangen Fäden ein Band nach rechts, sowie aus 2 rotorangen und 2 roten Fäden ein Band nach rechts.

3. Reihe: Rechts und links je einen hellgrünen Faden durch einen braunen Weberknoten ziehen. Aus 2 hellgrünen und 2 roten Fäden ein Band nach links, daneben aus 2 roten und 2 rotorangen Fäden ein Band nach links, dann aus 4 beigen Fäden ein Band nach rechts, aus 2 orangen und 2 rotorangen Fäden ein Band nach rechts, sowie aus 2 roten und 2 hellgrünen ein Band nach rechts.

4. Reihe: Je 1 dunkelgrünen Faden einhängen und aus immer 2 gleichen Farben für ein Band je 3 Wellenknoten untereinander arbeiten. Von der Mitte aus drehen sich die Wellen jeweils nach rechts, bzw. links.

5. Reihe: Dunkelgrüne Fäden hängen lassen, und unter die letzte Reihe versetzt 5 Bänder arbeiten.

6. Reihe: Dunkel- und hellgrüne Fäden hängen lassen, versetzt 4 Bänder arbeiten.

7. Reihe: Dunkelgrüne, hellgrüne und rote Fäden hängen lassen und 3 Bänder wie in der 1. Reihe arbeiten.

8. Reihe: Dunkelgrüne, hellgrüne, rote, rotorange Fäden hängen lassen und 2 Bänder knüpfen.

9. Reihe: Dunkelgrüne, hellgrüne, rote, rotorange und orange Fäden hängen lassen, und 1 Band aus beigen Fäden mit Welle nach rechts arbeiten.

10. Reihe: Außen je einen dunkelgrünen Faden durch einen Weberknoten ziehen und über diesen schräg nach innen Rippenknoten arbeiten. Die beiden Leitfäden in der Mitte mit einem Rippenknoten schließen.

11. Reihe bis Ende: Noch eine und eine halbe Raute arbeiten wie oben beschrieben. Alle Fäden mit Rippenknoten am unteren Rand befestigen.

Gleichmäßig aufteilen und mit Überhandknoten befestigen.

Hängelampe mit Quasten

Material:

370 m Jute oder Viskose, 2,5 mm ∅
1 Lampenschirmgestell
(Halbkugel 30 cm ∅)
1 Metallring, 25 cm ∅
1 Metallring, 30 cm ∅

Zuschnitt:

36 Fäden à 4,50 m
48 Fäden à 4 m

Knoten:

Weberknoten,
Wellenknoten,
Erbsknoten,
Schlingenknoten,
Quaste.

Arbeitsgang:
Um jede Stange einen Faden à 4,50 m zur Hälfte einhängen und 10 Weberknoten über die Stange arbeiten.
Dazwischen je 2 Fäden à 4,50 m zur Hälfte einhängen und 20 Wellenknoten knüpfen.
Den kleineren Ring von innen her einlegen und bei jeder Stange mit einem Weberknoten befestigen, dann noch 14 Weberknoten über die Stange arbeiten bis zum unteren Rand.
Die Bänder aus Wellenknoten mit Rippenknoten am kleineren Ring befestigen. Darunter je 13 Weberknoten arbeiten. In jeden Zwischenraum 2 Fäden à 4 m zur Hälfte in den kleinen Ring einhängen, 24 Wellenknoten (2 Arbeitsfäden, 2 Leitfäden) knüpfen und alle Fäden mit Rippenknoten am unteren Rand befestigen.
Unter jedes Feld ein Windrädchen aus 2 Reihen Rippenknoten und einem Erbsknoten arbeiten.
Den größeren Ring gleichmäßig mit Rippenknoten befestigen.
Unter je 2 Felder einen Halbkreis arbeiten wie folgt:
In der Mitte ein Band aus 22 Wellenknoten knüpfen (2 Arbeitsfäden, 2 Leitfäden). Über je einen Leitfaden immer von innen nach außen 5 Reihen mit je 10 Rippenknoten arbeiten. In der ersten Reihe bleibt rechts und links ein Randfaden hängen. Darauf achten, daß die Reihen innen eng beginnen und nach außen hin weiter werden, so daß die 5. Reihe senkrecht neben das Wellenknotenband (s. Abb.) kommt. Mit dem einzelnen Faden, der je rechts und links hängen blieb, umknüpft man die Zwischenräume der Rippenknotenreihen am äußersten Faden mit Schlingenknoten.
Alle Fäden mit einer Quaste unter dem Wellenknoten zusammenfassen und auf 9 cm Länge abschneiden.

Kleine Tischlampe mit roter Borte

Material:
144 m Jute oder Viskose, 2,5 mm ∅, natur
96 m Jute oder Viskose, 2,5 mm ∅, rot
Lampenschirmgestell
(25 cm ∅, 30 cm hoch)

Zuschnitt:
60 Fäden natur à 2,40 m
12 rote Fäden à 1,60 m
12 rote Fäden à 3 m
12 rote Fäden à 3,40 m

Knoten:
Weberknoten,
Wellenknoten,
Rippenknoten,
Josefinenknoten,
Überhandknoten.

Arbeitsgang:
Rote Borte: 2 rote Fäden à 1,60 m rechts und links der Stange zur Hälfte einfach einhängen. Nun in die äußeren Fäden je einen Faden à 3,40 m und einen Faden à 3 m zur Hälfte doppelt einhängen (Wellen nach innen, s. Zeichn. a). Darunter von innen nach außen schräg eine Reihe Rippen knoten. Mit den 4 mittleren Fäden 6 Wellenknoten (2 Arbeitsfäden, 2 Leitfäden) arbeiten. Die Raute von außen mit 2 Reihen Rippenknoten schräg nach unten schließen. Mit den 4 mittleren Fäden über die Stange ein Band aus 5 Weberknoten arbeiten. Rechts und links davon hängen nun noch 4 Fäden. Damit wird eine Spitze aus 6 Reihen Rippenknoten geknüpft wie in Zeichn. b. Nun im Wechsel – Raute-Spitze-Raute-Spitze-Raute arbeiten. Bei der letzten Reihe Rippenknoten jeweils den Faden des vorangegangenen Rippenknotens mit als Leitfaden verwenden.
Zwischenteil: Zwischen den Stangen je 10 Fäden natur à 2,40 m zur Hälfte doppelt einhängen, 7 Reihen versetzte Weberknoten arbeiten. Rechts und links je 2 Fäden durch die Spitze der roten Borte ziehen und damit über die 5 roten Weberknoten, die um die Stange gearbeitet sind, einen Josefinenknoten schlingen. Fäden zurückziehen und wieder 7 Reihen versetzte Weberknoten arbeiten. Arbeit bis zum unteren Rand fortsetzen.
Alle Fäden am unteren Rand des Gestells mit Rippenknoten befestigen und mit Überhandknoten abschließen.

Zeichnung a

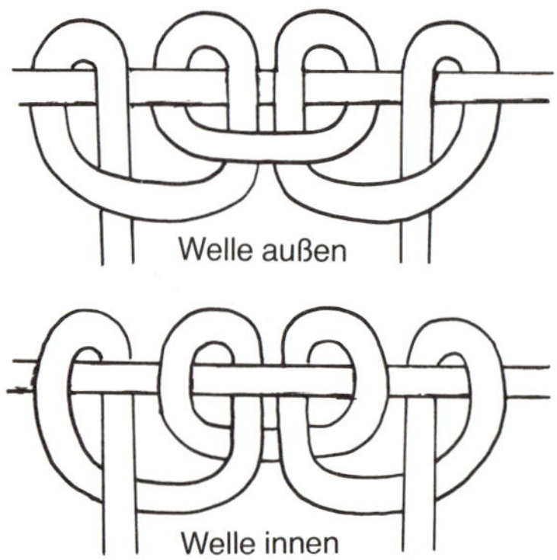

Zeichnung b

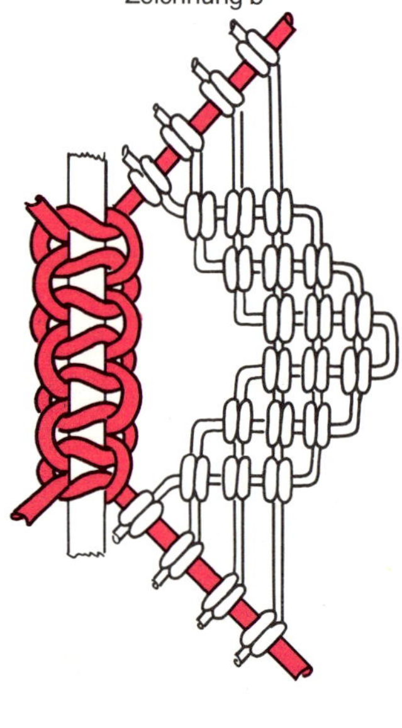

Hängelampe in Glockenform

Material:

90 m hellgrüne Viskose, 2,0-2,5 mm ∅
150 m dunkelgrüne Viskose, 2,0-2,5 mm ∅
74 m weiße Viskose, 2,0-2,5 mm ∅
Lampengestell (30 cm hoch, 40 cm ∅)

Zuschnitt:	*Knoten:*
20 hellgrüne Fäden à 4 m	*Wellenknoten*
40 hellgrüne Fäden à 0,25 m	*Weberknoten*
20 dunkelgrüne Fäden à 4 m	*Rippenknoten*
20 dunkelgrüne Fäden à 3,50 m	*Josefinenknoten*
20 weiße Fäden à 3,20 m	

Arbeitsgang:
Über jede Stange 1 hellgrünen Faden à 4 m zur Hälfte einhängen und 4 Weberknoten fest über die Stange arbeiten.
Wir arbeiten gleichmäßig in der Runde.
In die Zwischenfelder je von rechts nach links 1 dunkelgrünen, 1 weißen, 1 hellgrünen, 1 weißen, 1 dunkelgrünen Faden zur Hälfte einfach einhängen.
1. Runde: Von der Mitte aus schräg nach außen über 1 hellgrünen Leitfaden 1 Reihe Rippenknoten arbeiten, mit dem Leitfaden über die Stangen einen Weberknoten unter die 4 Weberknoten setzen und Fäden hängen lassen.
2. Runde: Von der Mitte über einen weißen Leitfaden 1 Reihe Rippenknoten unter die erste Reihe setzen, hellgrünen Faden am Ende mit einarbeiten. 1 weißen Weberknoten über die Stange arbeiten.
3. Runde: Mit je einem weißen Arbeitsfaden links und rechts einen Weberknoten über alle grünen Fäden arbeiten.
4. Runde: Mit je 2 Reihen Rippenknoten über weiße Leitfäden Raute schließen.
5. Runde: Hellgrüne und dunkelgrüne Fäden zur Stange hin spannen und jeden Faden mit 1 Weberknoten festhalten. (Stange ist der Leitfaden.) Fäden jeweils hinten hängen lassen.
6. Runde: Weiße Fäden zur Stange hin spannen und je mit 1½ Weberknoten über der Stange befestigen, dann 20 mal 1½ Weberknoten aus jeweils 2 Fäden über die Stange arbeiten, dabei darauf achten, daß die Knoten sehr gleichmäßig geknüpft werden (s. Zeichnung).

7. Runde: In die Felder zwischen den Stangen unter der Mitte aus weißen Rippenknoten mit 4 hellgrünen Fäden 3 Wellenknoten nach rechts arbeiten. Darunter versetzt aus 2 dunkelgrünen und 2 hellgrünen Fäden ein Band mit 3 Wellenknoten nach links und daneben 1 Band mit 3 Wellenknoten nach rechts arbeiten.

8. Runde: Über die weißen Weberknoten an der Stange ringsum je 2 dunkelgrüne Fäden à 3,50 m zur Hälfte durchziehen.

9.-31. Runde: Bänder aus je 3 Wellenknoten versetzt arbeiten. Es wird immer links begonnen. – Darauf achten, daß bis zur Mitte die Wellenknoten nach links gearbeitet werden, ab der Mitte dann nach rechts. Bei den zweifarbigen Bändern müssen je ein Leitfaden und ein entsprechender Arbeitsfaden sich in der Farbe gleichen.

In jeder 2. Runde sind die Wellenknoten einfarbig. Dabei einen dunkelgrünen Faden durch einen weißen Weberknoten von hinten her durchziehen.

32. Runde: Hellgrüne und dunkelgrüne Fäden wie in der 6. Runde über die Stangen spannen, mit 1½ Weberknoten pro Faden befestigen.

33. Runde: Weiße Fäden von den Stangen her zur Mitte der Felder spannen und mit Rippenknoten befestigen, dann nach außen hin als Leitfäden legen und darüber je 4 dunkelgrüne Rippenknoten arbeiten. Nun rechts und links je einen hellgrünen Faden à 25 cm zur Hälfte einhängen, 2 hellgrüne Rippenknoten arbeiten und nochmals einen hellgrünen Faden à 25 cm zur Hälfte einhängen. Eine 2. Reihe Rippenknoten über den zweiten weißen Leitfaden von innen nach außen darunter arbeiten. Weiße Fäden mit je einem Weberknoten über den Stangen befestigen.

34. Runde: Mit den dunkelgrünen Fäden in jedes Feld einen Josefinenknoten arbeiten.

35. Runde: Alle hellgrünen und dunkelgrünen Fäden mit Rippenknoten am unteren Rand des Lampengestells befestigen.

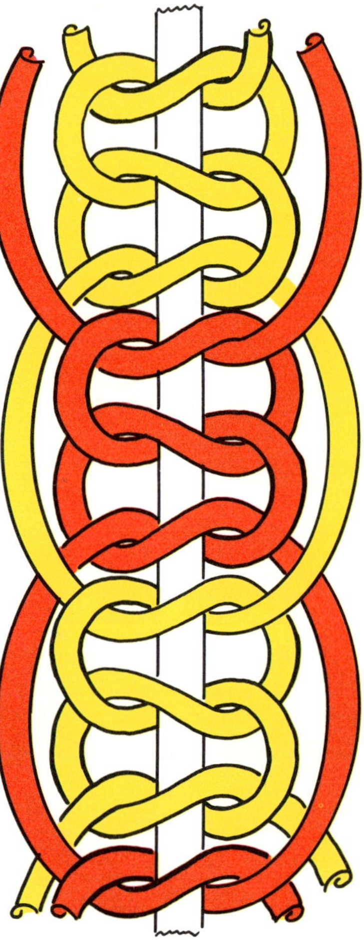

1½ Weberknoten im Wechsel aus 4 Fäden gearbeitet

36. Runde: Unter jedem Zwischenfeld die Fäden in der Mitte zusammenfassen und über die hellgrünen und dunkelgrünen Fäden mit 4 weißen Arbeitsfäden 1½ Weberknoten arbeiten. Arbeitsfäden hinten verknoten und falls notwendig verkleben. Fransen werden gleichmäßig lang abgeschnitten.

Hängelampe mit Glaseinsatz

Material:

96 m Jute oder Garn, natur, 5 mm ∅
30 rote Großlochperlen, 2 cm ∅
1 Lampenring, 30 cm ∅
1 Glasglocke
1 Lampenfassung mit Pendelaufsatz

Zuschnitt:

60 Fäden à 1,50 m, 3 Fäden à 2 m

Knoten:

Versetzte Weberknoten, Weberknoten, Überhandknoten.

Arbeitsgang:

In den Lampenring werden 60 Fäden à 1,50 m gleichmäßig verteilt zur Hälfte einfach eingehängt.

Im Kreis herum arbeitet man nun 10 Reihen versetzte Weberknoten. Dabei muß man darauf achten, daß die Abstände zwischen den Knoten gleichmäßig sind und die Arbeit sich nicht zu sehr nach innen zieht. Notfalls kann man nach den 10 Reihen das Geknüpfte vorsichtig dämpfen, um eine ebenmäßige Form zu bekommen.

Nach den 10 Reihen versetzter Weberknoten arbeitet man aus je 4 Fäden (2 Arbeitsfäden, 2 Leitfäden) ringsherum insgesamt 30 Bänder mit je 6 Weberknoten und zieht die beiden Arbeitsfäden durch eine rote Perle.

Nun klappt man das Band zurück, schlingt die 2 Leitfäden von oben durch einen darunterliegenden Weberknoten, nimmt Leitfäden und Arbeitsfäden wieder zusammen und schließt mit einem Überhandknoten über jeder Perle ab.

Die Fransen werden ringsherum gleichmäßig abgeschnitten.

Über die 3 Stangen des Lampenrings hängt man je einen Faden à 2 m zur Hälfte ein, arbeitet ein Band aus Weberknoten (Leitfaden ist die Stange) und verklebt die Fadenenden unter der Fassung.

Den Lampenring legt man auf die Glasglocke und hält beides mit der Lampenfassung zusammen.

Als Aufhängung wird über die Leitung als Schmuck die Naturholzkombination (rot gestrichen) aufgezogen.

Lampenfuß wurde mit Emaillack bemalt

Rustikale Stehlampe

Material:

378 m Jute natur, 4,5 mm ∅
96 grüne Perlen, 2 cm ∅
96 grüne Perlen, 1 cm ∅
1 Lampengestell (70 cm hoch, 38 cm ∅)

Zuschnitt:

54 Fäden à 7 m

Knoten:

Wellenknoten,
Weberknoten (Kreuzmotiv),
Rippenknoten,
Erbsknoten,
Überhandknoten.

Arbeitsgang:
Alle Fäden in den inneren Ring zur Hälfte einfach einhängen, zum 2. Ring hin spannen (dabei mit je 2 Fäden die 6 Längsstangen mit Weberknoten umknüpfen) und mit Rippenknoten am Ring befestigen. Nun über 6 Längsstangen mit je 2 Fäden Wellenknoten bis zum unteren Rand des Gestells arbeiten.

In das Zwischenfeld aus 16 Fäden versetzt Kreuzmotive arbeiten, wie in der Abbildung zu sehen, darunter eine Blume wie folgt knüpfen:

1. Reihe: Von rechts und links je 6 Rippenknoten schräg zur Mitte hin arbeiten, Leitfäden nicht miteinander verbinden.
2. Reihe: Eine Reihe Rippenknoten darunter.
3. Reihe: Auf jeder Seite von außen nach innen eine kleine Perle auf einen Faden ziehen, dann je 2 Fäden durch je 2 große Perlen ziehen und nochmals eine kleine Perle auf einen Faden aufziehen.
4. und 5. Reihe: Von außen nach innen 2 Reihen Rippenknoten wie in der 1. Reihe.
6. Reihe: In der Mitte von rechts und links je 2 Fäden nehmen und damit einen Erbsknoten arbeiten.

7.-11. Reihe: Wie 1.-4. Reihe gegengleich arbeiten, dann je einen äußersten Faden rechts und links durch einen Wellenknoten ziehen.

12. Reihe bis Ende: Unter das Blumenmotiv Kreuzmuster spitz zulaufen lassen und über die Stange alle Fäden mit Rippenknoten fassen. In den unteren Teil der Lampe nochmals ein Blütenmotiv wiederholen wie 12.-1. Reihe beschrieben. Mit Kreuzmotiv enden.

Alle Fäden mit Rippenknoten am unteren Rand des Gestells befestigen. Fäden gleichmäßig mit einem Überhandknoten fassen.

Kreuzmotive (Weber- und Rippenknoten) mit Blume

Tischlampe mit Perlen

Material:
232 m Jute, 2,5 mm ∅
92 Großlochperlen, 1 cm ∅
Lampenschirmgestell
8 Felder, 25 cm hoch,
30 cm ∅)
Zuschnitt:
40 Fäden à 3 m
32 Fäden à 3,50 m
Knoten:
Weberknoten,
Japanknoten,
Rippenknoten,
Überhandknoten.

Arbeitsgang:
Über jede Längsstange einen Faden à 3,50 m zur Hälfte einfach einhängen und die Stangen dicht mit Weberknoten umknüpfen. In die 8 Felder die Fäden zur Hälfte in folgender Reihenfolge einhängen:
10 Fäden à 3 m, 6 Fäden à 3,50 m, 10 Fäden à 3 m, 6 Fäden à 3,50 m, 10 Fäden à 3 m, 6 Fäden à 3,50 m.
In die Felder mit 10 Fäden 2 Windrädchen aus Rippenknoten (s. Abb.) untereinander arbeiten. Dabei am Rand jeweils die Leitfäden durch einen Weberknoten ziehen. Alle Fäden unten über die Querstange mit Rippenknoten fassen, aus 4 Fäden Bänder mit 2 Weberknoten arbeiten und über der nächsten Querstange mit Rippenknoten befestigen.
Die Felder mit 6 Fäden à 3,50 m wie folgt arbeiten:
1. Reihe: Je 4 Fäden durch eine Perle ziehen, darunter je einen Japanknoten arbeiten.
2. Reihe: Von links nach rechts 2 Fäden. 4 Fäden, 4 Fäden, 2 Fäden durch eine Perle ziehen. Je einen Randfaden durch einen Weberknoten schlingen. Mit den beiden Fäden links 5 Schiffchenknoten arbeiten. Unter die nächsten beiden Perlen knüpfen wir je einen Japanknoten. Am rechten Rand mit den beiden Fäden 5 Schiffchenknoten arbeiten.
3. Reihe: Je 2 Fäden, 4 Fäden, 4 Fäden, 2 Fäden durch eine Perle ziehen, dann immer 4 Fäden zusammenfassen und 3 Japanknoten arbeiten.
4. Reihe: Wie 2. Reihe.
5. Reihe: Wie 3. Reihe. Mit Perlen abschließen und durch Rippenknoten über die Querstange das Musterband beenden. Fäden glatt spannen und mit Rippenknoten an der unteren Stange befestigen, je 4 Fäden mit einem Überhandknoten fassen.

Kugellampe

Material:

216 m rotes Makrameegarn, 2,5 mm ∅
108 m beiges Makrameegarn, 2,5 mm ∅
Lampenschirmgestell, Kugel 40 cm ∅
12 Felder, Aufsatz
144 Großlochperlen, 1 cm ∅
24 Großlochperlen, 2 cm ∅
Klebstoff
1 stumpfe Stopfnadel

Zuschnitt:

48 rote Fäden à 3,50 m
24 rote Fäden à 2 m
24 beige Fäden à 3,50 m
12 beige Fäden à 2 m

Knoten:

Weberknoten,
Wellenknoten,
Rippenknoten,
Schiffchenknoten,
Josefinenknoten.

Arbeitsgang:

Das Modell wird gleichmäßig von unten nach oben rundherum gearbeitet.

Über jede Stange hängt man einen beigen Faden à 3,50 m zur Hälfte einfach ein, in die Felder je 2 rote, 1 beigen, 2 rote Fäden, alle 3,50 m lang.

1. Runde: Über jede Stange mit roten Fäden insgesamt 4 mal 1½ Weberknoten arbeiten (Stange = Leitfaden), Arbeitsfäden nach jedem Weberknoten hinten hängen lassen.

2. Runde: Von innen zur Stange hin über je einen beigen Leitfaden eine Reihe Rippenknoten arbeiten. Dabei holt man zunächst je einen beigen Faden der Stange für den Rippenknoten, anschließend auf jeder Seite 4 rote Fäden von hinten her. Mit den beigen Leitfäden einen Weberknoten über jede Stange arbeiten.

3. Runde: wie 2. Runde.

4. Runde: Alle roten Fäden als Leitfäden nehmen und mit einem beigen Weberknoten zusammenfassen. Raute von außen nach innen mit einer Reihe Rippenknoten über beigen Leitfaden schließen.

5. Runde: Über jede Stange 2 beige Weberknoten arbeiten, dann diese Arbeitsfäden je als Leitfaden nehmen und darüber 4 rote Rippenknoten zur Mitte des Feldes hin arbeiten. Nun beide beigen Leitfäden von rechts und links her durch eine kleine Perle ziehen (s. Zeichnung).

6. Runde: Über die Stangen mit Weberknoten je einen beigen Faden à 2 m neu einarbeiten.

7. Runde: Von der Perle aus eine Reihe Rippenknoten zur Stange hin arbeiten.

8. Runde: Wie 7. Runde, dabei aber nach 4 roten Rippenknoten je einen neuen roten Faden à 2 m zur Hälfte einfach einhängen. – Stange mit 2 beigen Weberknoten nach der 7. Runde umknüpfen. – Motiv mit 2 beigen Rippenknoten abschließen (s. Zeichnung).

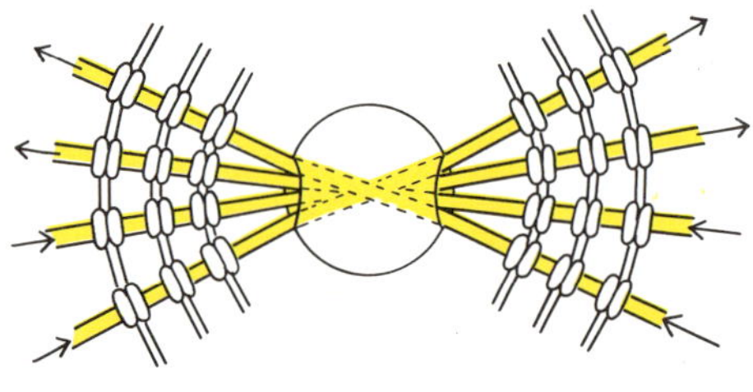

9. Runde: Über jede Stange mit 2 beigen Fäden 5 Weberknoten arbeiten. Davon rechts und links einen Schiffchenknoten, 1 kleine Perle, 1 Schiffchenknoten, 1 kleine Perle, 1 Schiffchenknoten arbeiten.

Mit den roten Fäden unter der Perle in der Mitte des Feldes nacheinander 4 Weberknoten arbeiten, dabei jedesmal den Arbeitsfaden oben liegen lassen.

Darunter nochmals 4 Weberknoten arbeiten, dabei jeweils von oben die nächstliegenden Arbeitsfäden holen. Wichtig ist, daß

man darauf achtet, daß die Arbeitsfäden immer parallel nebeneinander liegen.

10. Runde: Von außen nach innen schräg 3 Reihen Rippenknoten über je einen beigen Leitfaden arbeiten. Alle 6 Leitfäden von oben nach unten durch eine große Perle ziehen. Mit roten Arbeitsfäden über jede Stange 7 Weberknoten arbeiten.

11. Runde: Von der Perle zur Stange hin 3 Reihen Rippenknoten untereinander knüpfen.

12. Runde: Die Leitfäden werden mit Rippenknoten und jeweils einem Weberknoten über der Stange befestigt.

Darunter 4 Reihen beige Rippenknoten zur Stange hin (pro Reihe auf jeder Seite haben wir nur 2 Rippenknoten) arbeiten.

13. Runde: Mit den 12 roten Fäden im Feld 3 Bänder aus je 4 Wellenknoten arbeiten. Darunter eine Reihe Rippenknoten von innen nach außen knüpfen.

14. Runde: Rechts und links der Stangen über je 2 beige Fäden und den roten Leitfaden der Rippenknotenreihe eine kleine Perle ziehen.

15. Runde: Mit beigen Fäden schräg unter die kleine Perle auf beiden Seiten der Stange 4 Reihen Rippenknoten arbeiten wie bei der 12. Runde, nur gegengleich.

16. Runde: Mit den roten Fäden in die Mitte des Feldes einen großen Josefinenknoten arbeiten und mit einer Reihe Rippenknoten – über den roten Leitfaden aus der Perle – von außen nach innen befestigen. Darunter 3 Bänder mit je 4 Wellenknoten arbeiten.

17. Runde: Schräg von außen nach innen 3 Reihen Rippenknoten je über einen beigen Leitfaden arbeiten, und alle Fäden durch eine große Perle ziehen.

18. Runde: Über jede Stange mit je 2 Fäden 7 Weberknoten arbeiten.

19. Runde: Von der Perle zur Stange hin über je einen beigen Leitfaden 3 Reihen Rippenknoten untereinander arbeiten. Die Leitfäden werden mit je einem Weberknoten an der Stange befestigt.

20. Runde: Über die Stange arbeitet man nun mit 2 beigen Fäden 5 Weberknoten. Rechts und links davon über je 2 beige Fäden einen Schiffchenknoten, 1 Perle, 1 Schiffchenknoten, 1 Perle, 1 Schiffchenknoten arbeiten.

Unter der kleinen Perle in der Mitte 4 Weberknoten arbeiten, dabei jedesmal neue Arbeitsfäden nehmen und nachher oben liegen lassen (s. 9. Runde).

Bei den nächsten 4 Weberknoten Arbeitsfäden unten hängen lassen. 1 Reihe Rippenknoten.

21. Runde: Über jeder Stange 2 beige Fäden gut vernähen und abschneiden.

22. Runde: 2 beige Weberknoten über jede Stange arbeiten, über diese Arbeitsfäden zur Mitte hin eine Reihe Rippenknoten arbeiten. Perle aufziehen wie in der 5. Runde beschrieben, und das Motiv mit zwei Reihen Rippenknoten von innen nach außen beenden.

23. Runde: Hinter jeder Stange 2 rote Fäden gut vernähen.

Zum Weiterarbeiten müssen wir nun eine Stopfnadel zu Hilfe nehmen, da die Abstände zwischen den Stangen zu eng werden.

24. Runde: Alle roten Fäden als Leitfäden nehmen und darüber mit 2 beigen Arbeitsfäden einen Weberknoten arbeiten. Raute mit einer Reihe Rippenknoten von außen nach innen schließen.

25. Runde: Über die Stangen mit roten Fäden Weberknoten arbeiten, dabei die überflüssigen Fäden gut hinten vernähen.

26. Runde: Mit Rippenknoten am unteren Rand des Gestells abschließen, eine 2. Reihe Rippenknoten darunterarbeiten und alle Fäden kurz abschneiden und innen gut verkleben.

Hängelampe mit Blumenmotiv
Abbildung auf Seite 26

Material:

268 m grüne Viskose, 2,5 mm ∅
160 m beige Viskose, 2,5 mm ∅
Lampenschirmgestell (40 cm ∅, 10 Felder)
1 Häkelnadel

Zuschnitt:

40 grüne Fäden à 3,50 m
20 grüne Fäden à 2,80 m
40 grüne Fäden à 1,80 m
80 beige Fäden à 1,50 m
10 beige Fäden à 4 m

Knoten:

Weberknoten,
Rippenknoten,
Flechtknoten,
Rundkordel oder Zopf.

Arbeitsgang:
Über jede Stange einen beigen Faden à 4 m zur Hälfte einfach einhängen und 50 Weberknoten arbeiten (die Stange ist der Leitfaden) und innen gut verknoten.
In jedes Feld 4 grüne Fäden à 3,50 m zur Hälfte einfach einhängen und 10 Reihen versetzte Weberknoten arbeiten. Nun die äußersten grünen Fäden rechts und links durch einen beigen Weberknoten ziehen und 3 Reihen versetzte Weberknoten knüpfen.
Rechts und links in einen beigen Weberknoten je einen grünen Faden à 2,80 m einhängen und 7 Reihen versetzte Weberknoten arbeiten. Danach einen grünen Faden à 1,80 m rechts und links einhängen, 5 Reihen versetzte Weberknoten arbeiten, wieder je einen grünen Faden à 1,80 m einhängen und 2 Reihen versetzte Weberknoten knüpfen. Nun rechts und links vom Rand her 2 Weberknoten, darunter 1 Weberknoten versetzt arbeiten. Fäden in der Mitte teilen, nach rechts und links je 3 Rippenknoten arbeiten. Dabei den Arbeitsfaden des vorangegangenen Rippenknoten jeweils als Leitfaden mitlaufen lassen. Nun 2 Fäden rechts und 2 Fäden links hängen lassen, Rippenknoten bis zum Rand weiter arbeiten, letzten Faden in einen beigen Weberknoten einhängen und mit 2 Arbeitsfäden über alle Leitfäden ein Band aus 19 Weberknoten arbeiten.
Blume: Über die beiden grünen Fäden links und rechts je zwei beige Fäden à 1,50 m zur Hälfte doppelt einhängen (Welle hinten), 4 Reihen Rippenknoten von innen nach außen arbeiten und die Leitfäden hängen lassen. Anschließend über die grünen Leitfäden von außen nach innen eine Reihe Rippenknoten arbeiten, alle Fäden mit einem grünen Weberknoten fassen (2 grüne Arbeitsfäden, 8 beige Leitfäden).
Rechtes Blütenblatt genauso arbeiten.

Das Blumenmotiv eignet sich sowohl als Hänge-, wie auch als Tischlampe, in jeder Farbkombination und für verschiedene Gestellrohlinge.

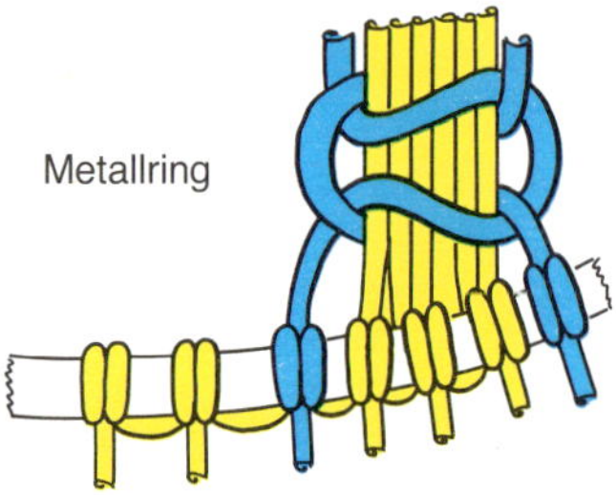

Als Mitte der Blüte über grüne Leitfäden 2 Reihen grüne Rippenknoten arbeiten (die beigen Fäden bleiben dahinter liegen). Nun wieder wie oben zwei Blütenblätter knüpfen, diesmal von innen nach außen. Dabei pro Blütenblatt 4 beige Fäden von hinten holen. Bei der Abschlußreihe (über einen grünen Leitfaden) jeweils den Arbeitsfaden des vorherigen Rippenknotens als Leitfaden mitlaufen lassen. Mit einem beigen Weberknoten abschließen. Blütenblätter auseinanderziehen, die grünen Fäden fest in dem grünen Band aus Weberknoten vernähen. 4 beige Fäden des Blütenblattes durch Weberknoten der Stange ziehen, die anderen beigen Fäden gut vernähen.

Blätter: Mit den 4 durchgezogenen Fäden einen Weberknoten arbeiten, 8 Flechtknoten daruntersetzen und mit einem Weberknoten abschließen. 2. Blatt ebenso arbeiten.

Nun alle Fäden in der Mitte zusammenfassen und zwei Weberknoten knüpfen (2 Arbeitsfäden, 6 Leitfäden). Die Arbeitsfäden mit Rippenknoten unten an der Stange befestigen. 4 Fäden hinten fest verknoten und mit 4 Fäden eine Rundkordel arbeiten (man kann auch aus allen 6 Fäden einen Zopf flechten). Rundkordel oder Zopf zur Blütenmitte hochziehen und hinten fest verknoten. Alle grünen Fäden der beiden Bänder aus Weberknoten mit Rippenknoten am unteren Rand des Gestells befestigen. Dabei die Fäden von rechts und links hinter das Gestell legen und jeweils einen Faden holen und damit einen Rippenknoten arbeiten. So um den ganzen Schirmrand herumarbeiten. Am Schluß die Fäden mit einer Häkelnadel durchziehen.

Eine 2. Reihe Rippenknoten über nur einen Leitfaden daruntersetzen. Fäden abschneiden und hinten verkleben.

Hängelampe mit Ablage

Material:

187 m braune Jute oder Viskose, 3 mm ∅
668 m gelbe Jute oder Viskose, 3 mm ∅
4 gelbe Holzkugeln, 5 cm ∅
16 große ovale braune Perlen
1 Holz- oder Kunststoffring, 5 cm ∅
1 Lampenring, 25 cm ∅
1 Metallring, 45 cm ∅
1 Metallring, 14 cm ∅

Zuschnitt:

12 braune Fäden à 7,20 m *20 braune Fäden à 5 m* *28 gelbe Fäden à 4 m* *8 gelbe Fäden à 6 m* *16 gelbe Fäden à 3 m* *12 gelbe Fäden à 5 m*	*Lampe und Aufhängung*
80 gelbe Fäden à 4 m *Quasten fallen ab.*	*Ablage*

Arbeitsgang:
Lampe mit Aufhängung:
12 braune Fäden à 7,20 m in den Holz- oder Kunststoffring zur Hälfte einfach einhängen und mit einer Quaste zusammenfassen. Fäden in 4 Partien teilen und 4 Bänder mit je 20 Weberknoten (2 Arbeitsfäden, 4 Leitfäden) arbeiten. Mit Rippenknoten die Bänder am kleineren Metallring befestigen und in die Zwischenräume je 5 braune Fäden à 5 m doppelt einhängen (mit Wellen nach innen).
8 Reihen versetzte Weberknoten arbeiten (2 Arbeitsfäden, 2 Leitfäden). Fäden in 4 Partien teilen und je eine große Holzkugel durchziehen, Fäden auf 20 cm Länge spannen und mit Rippenknoten am Lampenring befestigen.
In die 4 Zwischenräume je 7 gelbe Fäden à 4 m zur Hälfte doppelt einhängen (mit Welle nach innen).
Nun pro Farbe eine Raute aus 3 Rippenknotenreihen von innen nach außen knüpfen. Bei der gelben Raute in der Mitte einen Josefinenknoten, bei der braunen Raute einen Weberknoten arbeiten. Gelbe und braune Raute bei den Rippenknoten durch Verschlingen der Leitfäden miteinander verbinden (s. Abbildung Seite 30).
Unter die gelbe Raute eine weitere arbeiten (ohne Verbindung mit der braunen), dann alle 4 gelben Partien zusammenfassen und mit einer Quaste abschließen. Lampenfassung später einhängen.

Unter die braune Raute 3 Reihen waagerechte Rippenknoten arbeiten, dabei je einen gelben Leitfaden à 5 m einlegen. In der 4. Reihe teilen, 2 Reihen Rippenknoten von innen nach außen arbeiten, so daß eine Spitze entsteht. Die nächsten 4 Reihen von innen nach außen waagerecht knüpfen und in der letzten Reihe miteinander verbinden.

Nun rechts und links alle braunen Fäden als Leitfäden nehmen und mit je 3 gelben Fäden (außen 2 Fäden, innen 1 Faden) 4 Weberknoten arbeiten. Beim letzten Weberknoten hinten einen gelben Faden à 3 m zur Hälfte einhängen. Über alle Leitfäden eine braune Perle ziehen. 4 Weberknoten unter die Perle arbeiten, dabei als

Leitfaden nochmals einen gelben Faden à 3 m zur Hälfte einhängen, 1 braune Perle aufziehen, alle braunen Fäden dicht an der Perle abschneiden, 3 Weberknoten arbeiten. 2. Partie genauso arbeiten. Nun beide Stränge zusammennehmen und 6 versetzte Weberknoten knüpfen, darunter schräg nach innen zwei Rippenknotenreihen. In der 3. Reihe je einen gelben Faden à 6 m als Leitfaden einlegen (s. Zeichnung). Nun je ein Band von 60 cm Länge aus Wellenknoten arbeiten. Alle Aufhänger ebenso arbeiten.

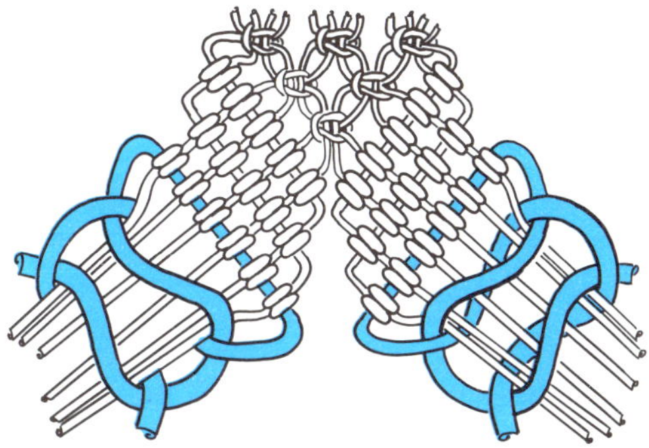

Ablage:

In den großen Ring 80 gelbe Fäden à 4 m zur Hälfte einfach einhängen. Mit 8 Fäden (2 Arbeitsfäden, 6 Leitfäden) 4 Reihen versetzte Weberknoten arbeiten. Nun immer 12 Fäden nehmen und 6 versetzte Weberknoten zu einer Spitze knüpfen und mit je 2 Reihen Rippenknoten schräg nach innen abschließen (s. Vergrößerung). In die Zwischenräume eine Raute arbeiten, indem man die Fäden miteinander verschlingt und mit 2 Reihen Rippenknoten abschließt. Bei jeder 2. Raute die Fäden hinten hängen lassen. Die anderen Fäden nehmen und mit Weberknoten den Stern – wie bei der Vergrößerung zu sehen – arbeiten. Alles mit einer Quaste unten zusammenfassen. Die liegengelassenen Fäden zusammennehmen und ebenfalls mit Weberknoten einen Stern arbeiten. Die Fäden dann um die Quaste fassen und im Kreis 10 cm versetzte Weberknoten arbeiten. Fäden gleichmäßig abschneiden.

Verarbeitung:

Die Aufhänger mit Rippenknoten am Ablagering befestigen, dabei zwischen den beiden zusammengehörenden Bändern aus Wellenknoten einen Zwischenraum freilassen.

Nun in alle Zwischenräume je 3 Fäden à 10 cm (Reste aus dem Abfall) doppelt einhängen und mit einem Überhandknoten zusammenfassen, ebenso die Aufhänger.

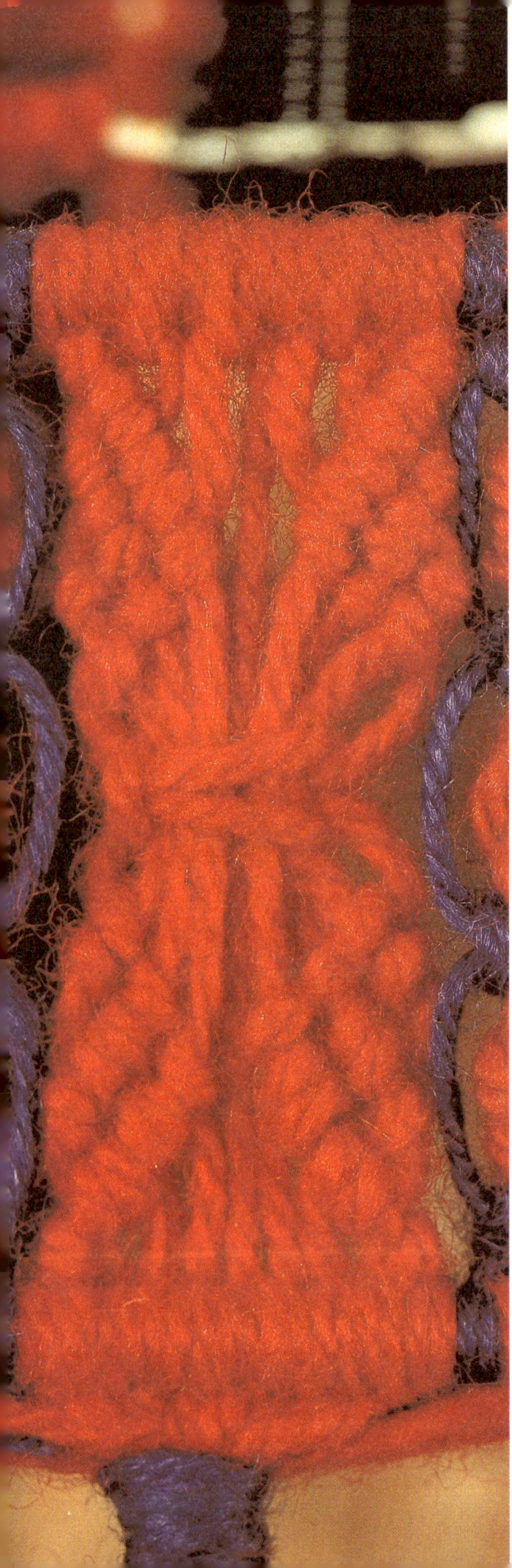

Küchenlampe

Material:

91,20 m rotes Makrameegarn, 3 mm ∅
14,40 m blaues Makrameegarn, 3 mm ∅
Lampengestell mit Glaseinsatz (Gestell 10 cm hoch, 37 cm ∅)

Zuschnitt:

60 rote Fäden à 1,20 m
24 rote Fäden à 80 cm
24 blaue Fäden à 60 cm

Knoten:

Weberknoten,
Rippenknoten,
Rosenknoten,
Quaste.

Arbeitsgang:
Über alle 12 Stangen je einen roten Faden à 1,20 m zur Hälfte einfach einhängen und über jede Stange dicht Weberknoten arbeiten (Stange = Leitfaden).
Rechts und links der Stange 1 blauen und 1 roten Faden à 80 cm (s. Zeichnung) einhängen und damit 3 Rosenknoten arbeiten.
Zwischen die Rosenknoten je 4 rote Fäden à 1,20 m zur Hälfte einfach einhängen.

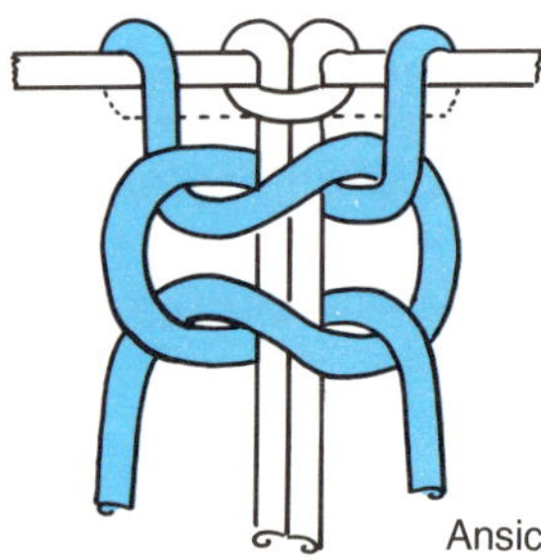

Ansicht von vorn

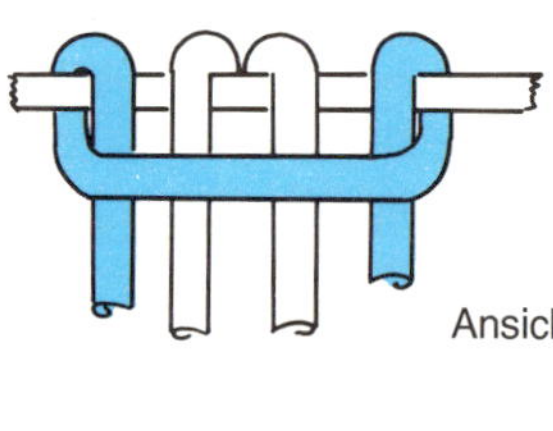

Ansicht von hinten

Schräg von außen nach innen 3 Rippenknoten arbeiten, die mittleren beiden Fäden hängen lassen. Darunter jeweils von außen je 2 Rippenknoten und in der nächsten Reihe 1 Rippenknoten knüpfen. Alle Fäden mit 1 Weberknoten (2 Arbeitsfäden, 6 Leitfäden) fassen. Nun gegengleich wie in der Großaufnahme zu sehen erst einen, darunter zwei, dann drei Rippenknoten schräg nach außen arbeiten. Alle Fäden mit Rippenknoten am unteren Rand des Gestells befestigen, die Fäden der einzelnen Felder unter dem Mittelmotiv fassen, mit einem blauen Faden abquasten und hinten gut verknoten. Quasten gleichmäßig abschneiden.

Kleine Wandleuchte

Material:

64,5 m weiße Jute, 2,5-3 mm ∅
1 Lampenschirmgestell
(22 cm hoch, 10 cm breit, 10 cm tief)

Zuschnitt:	*Knoten:*
21 Fäden à 2,50 m	*Schlingenknoten,*
4 Fäden à 3 m	*Rippenknoten,*
	Überhandknoten.

Arbeitsgang:
Aus je 3 Fäden knüpfen wir eine Blume wie in Zeichnung a und befestigen sie mit Rippenknoten an der unteren Stange.

Zeichnung a

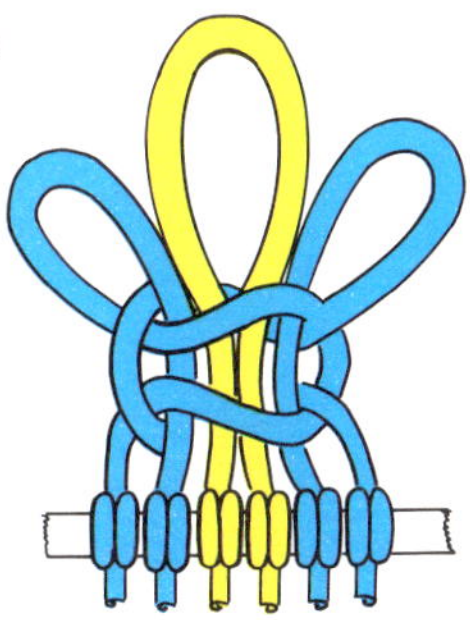

Vorne hängt man 3 Blumen ein, auf jeder Seite 2 Blumen.
Zunächst wird das vordere Feld gearbeitet, indem man unter die Stange eine Reihe Rippenknoten knüpft.
Nun von links nach rechts knüpfen.
1. Reihe: Mit dem äußeren Faden über die nächsten 3 Fäden 1 Schlingenknoten arbeiten, 2 Fäden hängen lassen. Über die nächsten 2 Fäden von rechts 1 Schlingenknoten, daneben 1 Schlingenknoten von links, 2 Fäden hängen lassen und von rechts über 3 Fäden 1 Schlingenknoten arbeiten.
2. Reihe: Von links nach rechts wie Zeichnung b. 1. und 2. Reihe im Wechsel bis zum Gestellrand arbeiten und mit Rippenknoten über der Stange abschließen.
Seitenteile ebenso arbeiten, nur als Mittelpartie 2 Leitfäden spannen und darüber jeweils im Wechsel 1 Weberknoten knüpfen.
Für die Zacken rechts und links von oben einen Faden à 3 m zur Hälfte einhängen, darüber einen weiteren Faden doppelt einhängen (s. Seite 12) und mit den 4 Fäden, die man nun hat, 5 Zacken aus Rippenknoten untereinander arbeiten wie Seite 12, Zeichnung b. Mit Überhandknoten abschließen.
Oben eine weitere Reihe Rippenknoten arbeiten und Fäden hinten gut verkleben.

Zeichnung b

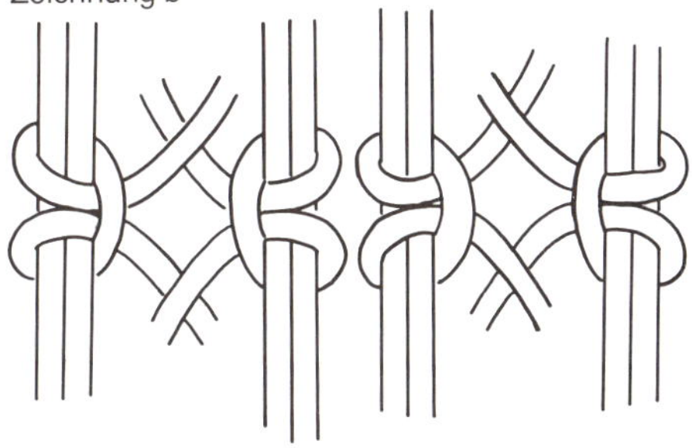

Seitenteil

Wandleuchte mit Sonnenrad

Material:

209,60 m Jute, natur, 2,5 mm ∅
1 Metallring, 6 cm ∅
je 1 Metallring von 25 und 45 cm ∅
1 Lampenring, 25 cm ∅
1 Schnappfassung
64 Großlochperlen, 1 cm ∅

Zuschnitt:

32 Fäden à 2,50 m
48 Fäden à 1,50 m
42 Fäden à 1 m
12 Fäden à 1,30 m

Knoten:

Weberknoten,
Wellenknoten,
Rippenknoten,
Ringumwicklung,
Überhandknoten.

Arbeitsgang:

Sonnenrad: In den Ring mit 6 cm Durchmesser 32 Fäden à 2,5 m zur Hälfte einfach

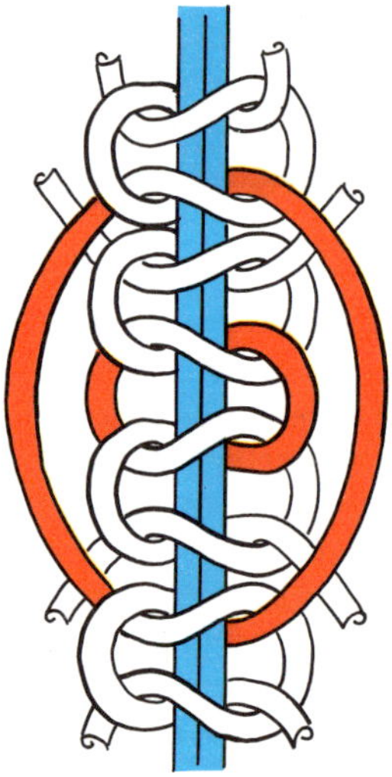

einhängen. Jeden 3. und 4. Faden durch eine Perle ziehen (16 Perlen). Aus je 8 Fäden 8 Rosetten aus Weberknoten arbeiten (s. Zeichnung).

Alle Fäden im 2. Ring mit Rippenknoten befestigen. In die Zwischenräume verteilt je 6 Fäden zur Hälfte einhängen. Unter die

Rosetten mit zusätzlich 2 Fäden von rechts und links (= 12 Fäden) einen Weberknoten (2 Arbeitsfäden, 10 Leitfäden) arbeiten, dann in drei Partien zu je 4 Fäden teilen, außen je ein Band aus 25 Wellenknoten gegengleich arbeiten. In der Mitte wird ein Band aus 11 Weberknoten geknüpft, alle Fäden mit einem Weberknoten wieder zusammenfassen und mit Rippenknoten am nächsten Ring befestigen.

In die Zwischenräume des 2. Rings arbeitet man aus je 8 Fäden drei Rauten untereinander wie folgt: Schräg von innen nach außen mit je 4 Fäden Rippenknoten knüpfen. In der

Mitte 4 Fäden durch eine Perle ziehen, Rippenknoten von außen nach innen arbeiten und die Raute mit einem Rippenknoten schließen. Noch zweimal wiederholen.
Alle Fäden mit festen Rippenknoten am nächsten Ring befestigen, gleichmäßig mit 4 Fäden einen Überhandknoten machen und auf 5 cm Länge abschneiden. In die Zwischenräume aus dem Abfall je 4 Fäden à 20 cm zur Hälfte einhängen, ebenfalls immer 4 Fäden mit einem Überhandknoten zusammenfassen, auf 5 cm Länge abschneiden, und alle Fäden ausfransen.
Lampe: In den Lampenring wird rechts und links jeder Stange 2 Fäden à 1,30 m zur Hälfte einfach eingehängt und 3 Rosetten untereinander über die Stange gearbeitet.
7 Fäden à 1 m zur Hälfte einfach einhängen, 3 Perlen über je 2 Fäden ziehen, so daß außen und zwischen den Perlen je 2 Fäden hängen bleiben (s. Aufnahme S. 36).
Von links und rechts unter die Perlen mit 5 Fäden (2 Arbeitsfäden, 3 Leitfäden) einen Weberknoten arbeiten, unter die mittlere Perle einen Weberknoten aus 4 Fäden. Darunter zur Spitze versetzt 3 Weberknoten setzen. Nun von außen nach innen schräg 2 Reihen Rippenknoten arbeiten. Unter die Spitze über 4 Leitfäden mit 2 Arbeitsfäden 1 Weberknoten knüpfen.
Von der Mitte schräg nach außen 2 Reihen Rippenknoten arbeiten. Alle Fäden mit einem Weberknoten (2 Arbeitsfäden, 12 Leitfäden) zusammenfassen und einen Teil der Fäden mit Rippenknoten am Innenring des Lampenrings befestigen. Restliche Fäden hinten hängen lassen. Insgesamt zwischen die Rosetten je 2 der oben beschriebenen Motive arbeiten. Im Innenring 6 Perlen verteilt auf je 2 Fäden aufziehen.
Alle Fäden hinten abquasten und in der Schnappfassung gut befestigen, eventuell verkleben.
Den Metallring außen fest mit einem Faden umwickeln.
Lampenteil auf die Glühbirne stecken.

Tisch- oder Hängelampe

ohne festes Gestell

Material:

156 m braune Viskose, 2,5 mm ∅
180 m hellbraune Viskose, 2,5 mm ∅
80,80 m gelbe Viskose, 2,5 mm ∅
1 Lampenring, 25 cm ∅
1 Metallring, 40 cm ∅
48 Großlochperlen, 2 cm ∅

Zuschnitt:

4 gelbe Fäden à 3,50 m
2 gelbe Fäden à 3,20 m
2 gelbe Fäden à 3 m
2 gelbe Fäden à 2,40 m
2 gelbe Fäden à 2 m
2 gelbe Fäden à 1,50 m
2 gelbe Fäden à 1 m
40 hellbraune Fäden à 4,50 m
24 braune Fäden à 6,50 m

Knoten:

Rippenknoten, Weberknoten,
Wellenknoten, Josefinenknoten,
versetzte Wellenknoten,
Überhandknoten.

Arbeitsgang:
Bei diesem Modell stören Längsstangen eines festen Lampengestells, da die Musterteile frei gestaltet sind. So beginnt man über einem einfachen Lampenring, arbeitet die einzelnen Teile gleich lang und befestigt sie nach ca. 35 cm mit Rippenknoten an einem Metallring.
Das Hauptmuster besteht aus einer Kombination von Rippen-, Josefinen- und Weberknoten.
Die gelben Teile aus versetzten Bändern mit je drei Wellenknoten dienen zum Füllen der Zwischenräume und werden nach unten durch Einsetzen einzelner Fäden verbreitert.
Individuelle Knotenkombinationen eignen sich hier sehr gut.
Für Tischlampen gibt es Einsätze.

Stehlampe

Material:

Lampenschirm mit 8 Feldern,
Höhe 35 cm, rechteckig,
12 Teakholzperlen 2,5 cm ∅,
148 m Viskosegarn 8 - 10 mm ∅

Zuschnitt:

8 Fäden à 3,70 m
24 Fäden à 3,80 m
8 Fäden à 3,40 m

Knoten:

Einhängung am Stab,
Schlingenknoten
gegenseitig im Wechsel,
Weberknoten,
Rippenknoten,
Überhandknoten.

Arbeitsgang:

1. Umknüpfen der Stäbe:

Je einen 3,70 m langen Faden doppelt legen und gemäß „Einhängung am Stab" am oberen Rand befestigen. Stäbe mit Schlingenknoten gegenseitig im Wechsel umknüpfen. (Am 1. Stab mit dem rechten, am 2. Stab mit dem linken, am 3. Stab wieder mit dem rechten Faden den ersten Schlingenknoten beginnen.)

2. Muster kleines Feld:

Je 2 Fäden à 3,40 m doppelt legen und am Stab einhängen. 1 Weberknoten. Die beiden Leitfäden durch 1 Kugel, die beiden Arbeitsfäden links, bzw. rechts durch eine Öse am umknüpften Stab ziehen. Darunter 2 Weberknoten knüpfen. Arbeitsfäden durch die 4. Öse am Stab ziehen. 1 Weberknoten. In gleicher Weise 4 weitere Weberknoten fertigen; zwischen den Knoten etwas Abstand lassen. 2 Weberknoten. Leitfäden durch eine Kugel und Arbeitsfäden durch die letzte Öse am Stab ziehen. 1 Weberknoten knüpfen.

3. Muster großes Feld:

Je 6 Fäden à 3,80 m doppelt legen und einhängen. 3 Reihen versetzte Weberknoten aus jeweils 4 Fäden knüpfen; äußere Arbeitsfäden durch eine Öse am Stab ziehen. In der Mitte einen weiteren Weberknoten fertigen. Jeweils den äußeren Faden als Leitfaden verwenden und von beiden Seiten mit je 5 Fäden eine Rippenknotenreihe leicht nach oben gebogen, zur Mitte hin, ausführen; 2. Rippenknotenreihe leicht nach unten gebogen, wieder von außen zur Mitte hin, knüpfen. Beide Leitfäden durch eine Holzkugel ziehen und von der Mitte nach außen wieder je 2 gebogene Rippenknotenreihen knüpfen. Beide Außenfäden durch eine Öse am Stab ziehen. Mit den mittleren 4 Fäden einen Weberknoten und darunter weitere 7 Reihen versetzte Weberknoten arbeiten (Außenfäden jeweils durch eine Öse am Stab ziehen).

4. Sämtliche Fäden mit Rippenknoten am unteren Rand anknüpfen. Je 2 Fäden mit einem Überhandknoten zusammenhalten. Fäden nach ca. 12 cm abschneiden und ausfransen.

Glockenlampe

Material:

Lampenschirm in Glockenform
mit 10 Feldern, Höhe 30 cm,
unterer ∅ 40 cm,
oberer ∅ 9 cm,
Installation
Acrylgarn gezwirnt, 5 mm ∅
rostrot 110 m, gelb 105 m

Zuschnitt:

20 Fäden rost à 3,50 m
30 Fäden gelb à 3,50 m
10 Fäden rost à 3 m
1 Faden rost à 10 m

Knoten:

Einhängung am Stab,
Schlingenknoten gegenseitig
im Wechsel,
Schlingenknoten,
Rippenknoten, Weberknoten,
Kettknoten, Wellenknoten,
Überhandknoten.

Arbeitsgang:

1. An jedem Stab wird ein 3,50 m langer, doppelt gelegter rostfarbener Faden gemäß Zeichnung „Einhängung am Stab" befestigt. Alle Stäbe mit Schlingenknoten gegenseitig im Wechsel umknüpfen (der Stab dient als Leitfaden), so daß an jeder Seite des Stabes 19 Knoten sind. Dabei ist zu beachten, daß beim 1. Stab mit dem rechten, beim 2. Stab mit dem linken, beim 3. Stab wieder mit dem rechten Faden usw., der 1. Schlingenknoten begonnen wird, damit sich die Knoten genau gegenüber liegen.

2. Muster pro Feld:
Gelbe Fäden doppelt legen und in jedes Feld 3 Fäden à 3,50 m einhängen. Jeweils den äußeren Faden durch die 1. Öse der umknüpften Stäbe ziehen. Diese beiden Fäden jeweils als Leitfäden nehmen und von jeder Seite eine Rippenknotenreihe schräg zur Mitte hin knüpfen (V-Form). 2 mal wiederholen.
Mit den beiden mittleren Fäden 1½ Kettknoten, rechts und links jeweils mit den beiden äußeren Fäden 4 Schlingenknoten arbeiten (äußere Fäden = Leitfäden, innere Fäden = Arbeitsfäden). Die beiden Leitfäden links, bzw. rechts durch die 5. Öse am umknüpften Stab ziehen und von beiden Seiten eine waagrechte Rippenknotenreihe zur Mitte hin knüpfen.

3. 6 Reihen versetzte Weberknoten:
1. Reihe: 2 Knoten aus je 3 Fäden,
2. Reihe: 1 Knoten aus 4 Fäden,
3. Reihe: 2 Knoten aus je 3 Fäden usw., (äußere Fäden durch Ösen am Stab ziehen).

4. Der Faden, der durch die 8. Öse gezogen wurde, ist der Leitfaden für die Rippenknotenreihe schräg zur Mitte. Den äußersten Knüpffaden durch die 9. Öse ziehen und als Leitfaden für die nächste Rippenknotenreihe verwenden. 2 weitere Rippenknotenreihen arbeiten, dabei jeweils den Leitfaden der vorhergehenden Rippenknotenreihe mit anknüpfen. Unter den beiden gelben Leitfäden der 4. Rippenknotenreihe einen rostfarbenen Faden à 3,50 m legen und mit einem Weberknoten anknüpfen. Siehe Zeichnung.

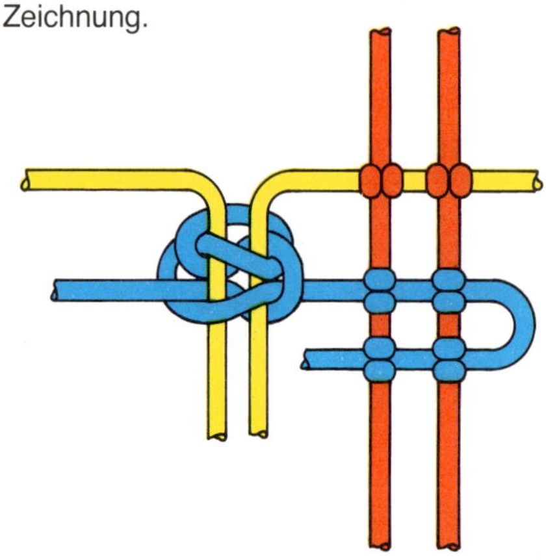

5. Nach jeder Seite eine senkrechte Rippenknotenreihe arbeiten (gelbe Fäden = Leitfäden, rostfarbene Fäden = Arbeitsfäden).

Rostfarbene Fäden durch die 11. Öse am Stab ziehen und eine senkrechte Rippenknotenreihe zur Mitte hin knüpfen. Mit den beiden rostfarbenen Arbeitsfäden einen Weberknoten genau unter den vorhergehenden knüpfen, 2 mal wiederholen und eine weitere senkrechte Rippenknotenreihe nach außen fertigen. Der rostfarbene Knüpffaden wird links, bzw. rechts durch die 15. Öse am Stab gezogen.

6. Die beiden mittleren gelben Fäden dienen als Leitfäden für jeweils eine Rippenknotenreihe schräg nach außen (2 gelbe und 1 rostfarbener Rippenknoten). Wieder die beiden mittleren Fäden als Leitfäden nehmen und eine weitere schräge Rippenknotenreihe (2 Rippenknoten) dicht unter die 1. Reihe arbeiten. Mit den nächsten beiden mittleren Fäden eine weitere schräge Rippenknotenreihe fertigen (1 Knoten).

7. Unter die nächsten beiden mittleren (rostfarbenen Fäden) einen 3 m langen rostfarbenen Faden legen und mit einem Weberknoten, s. Zeichnung auf Seite 42, anknüpfen.

Zu beiden Seiten hin eine senkrechte Rippenknotenreihe nach außen arbeiten (direkt an schräge Rippenknotenreihe anschließen). Knüpffäden durch eine Öse am Stab ziehen und wieder eine senkrechte Rippenknotenreihe zur Mitte hin fertigen. Mit den beiden Arbeitsfäden, über die beiden rostfarbenen Leitfäden in der Mitte einen Weberknoten arbeiten. Eine weitere senkrechte Rippenknotenreihe nach außen – und wieder zurück, knüpfen und mit einem Weberknoten abschließen.

8. Darunter 3 weitere Weberknoten. Mit den gelben Fäden 2 Wellenknotenbänder à ca. 10 Knoten, gegengleich fertigen. Fäden mit Rippenknoten am Rand anknüpfen. Fäden gruppenweise mit 1 Überhandknoten zusammenhalten und ausfransen.

9. Kabel mit dem 10 m langen Faden mit Wellenknoten umknüpfen.

Grünes Stehlämpchen

Material:

Lampenschirm mit 6 Feldern, Höhe 15 cm, oberer ∅ 12 cm, unterer ∅ 16 cm, 6 Teakholzkugeln 2 cm ∅, 74 m Acrylgarn gezwirnt, 3,5 mm ∅

Zuschnitt:

6 Fäden à 1,80 m, 42 Fäden à 1,50 m.

Knoten:

Schlingenknoten gegenseitig im Wechsel, Rippenknoten, Weberknoten, Überhandknoten.

Arbeitsgang:

1. Über jeden Stab einen 1,80 m langen Faden einhängen. Stäbe mit Schlingenknoten gegenseitig im Wechsel umknüpfen. Am 1. Stab mit dem rechten, am 2. Stab mit dem linken, am 3. Stab wieder mit dem rechten Arbeitsfaden usw., den 1. Schlingenknoten beginnen.

2. Muster pro Feld: In jedem Feld 7 Fäden à 1,50 m doppelt legen und am oberen Rand einhängen. 1. Raute: Mit den beiden mittleren Fäden einen halben Rippenknoten (1 mal schlingen) fertigen. Diese beiden Fäden als Leitfäden für je eine Rippenknotenreihe (2 mal schlingen) schräg nach außen verwenden und durch die Öse am umknüpften Stab ziehen. 9 versetzte Weberknoten knüpfen. Je eine Rippenknotenreihe von außen schräg zur Mitte hin fertigen und mit einem halben Rippenknoten schließen.

3. Die beiden Leitfäden durch 1 Holzkugel ziehen und die restlichen 12 Arbeitsfäden straff spannen.

4. Die 2. Raute wie Punkt 2 ausführen.

5. Sämtliche Fäden mit Rippenknoten am unteren Rand anknoten.

6. Jeweils 4 Fäden mit einem Überhandknoten versehen. Fäden nach 5 cm abschneiden und ausfransen.

Weiße Kugellampe

Material:

Lampenschirm mit 16 Feldern,
∅ 40 cm
32 Keramikoliven 3 - 3,5 cm lang
264 m Viskosegarn 6 - 7 mm ∅

Zuschnitt:

64 Fäden à 4 m
1 Faden à 8 m

Knoten:

Weberknoten,
Wellenknoten,
Rippenknoten,
Schlingenknoten.

Arbeitsgang:
Diese Lampe wird von unten nach oben und rundum geknüpft!

1. Fäden doppelt legen und in jedes Feld 4 Fäden einhängen.
2. Mit je einem Faden links und rechts vom Stab einen halben Rippenknoten arbeiten (diesen Rippenknoten nur 1 mal schlingen) und beide Fäden als Leitfäden für je eine Rippenknotenreihe schräg zur Mitte verwenden (Rippenknoten 2 mal schlingen). Zusätzlich als Abschluß einen Rippenknoten mit beiden Leitfäden knüpfen.
3. 3 Reihen versetzte Weberknoten; Stäbe als Leitfäden mit einknüpfen. Rippenknotenmuster Punkt 2 wiederholen.
4. Mit 6 Fäden, 3 rechts und 3 links vom Stab, 8 Wellenknoten fertigen (2 Arbeits-, 4 Leitfäden und Stab). In jedem Feld bleiben 2 Fäden übrig; darüber je eine Olive ziehen. Diese beiden Fäden als Leitfäden nehmen und je eine Rippenknotenreihe schräg nach außen zum Stab hin knüpfen.
5. Mit den mittleren 6 Fäden einen Weberknoten (2 Arbeits-, 4 Leitfäden) arbeiten. Die Leitfäden der Rippenknotenreihe kreuzen sich am Stab. Raute schräg zur Mitte hin schließen.
6. Punkt 4 wiederholen.
7. 4 Runden versetzte Weberknoten.
8. Punkt 2 wiederholen.
9. Mit 8 Fäden über jeden Stab ca. 6 Wellenknoten bis zum oberen Rand hin knüpfen (2 Arbeits-, 6 Leitfäden und Stab). Davon je 4 Fäden über und 4 Fäden unter den oberen Rand legen. 1 Weberknoten aus 2 Arbeits- und 6 Leitfäden). Fäden nach innen nehmen und gut verknoten.
10. Umknüpfen des Installationskabels: Den 8 m langen Faden so unter das Kabel legen, daß auf einer Seite ca. 60 cm und auf der anderen Seite ca. 7,40 m Faden hängen. Den kurzen Teil des Fadens zusammen mit dem Kabel als Leitfaden verwenden, mit dem langen Faden das Installationskabel von der Lampe zur Dose hin mit Schlingenknoten umknüpfen. Die Installationsdose mit dem restlichen Faden noch überkleben.

Gelbe Hängelampe

Material:

Lampengestell mit 15 Feldern,
30 cm Höhe, oberer ∅ 11 cm,
unterer ∅ 30 cm,
258,50 m Acrylgarn, 3,5 mm ∅

Zuschnitt:

15 Fäden à 4 m
15 Fäden à 2,70 m
40 Fäden à 3,70 m
1 Faden à 10 m

Knoten:

Einhängung am Stab,
Doppelaufhängung,
Dreifacheinhängung,
Weberknoten, Wellenknoten,
Rippenknoten, Brezelknoten.

Arbeitsgang:
Diese Lampe wird von unten nach oben geknüpft!

1. An jedem Stab wird ein 4 m langer Faden gemäß Zeichnung „Einhängung am Stab" befestigt. Stäbe mit Schlingenknoten gegenseitig im Wechsel – der Stab dient als Leitfaden – umknüpfen. Am 1. Stab mit dem rechten Faden, am 2. mit dem linken, am 3. wieder mit dem rechten Faden usw., den 1. Schlingenknoten beginnen. Fäden mit Rippenknoten am oberen Rand anknüpfen.
2. In jedes 3. Feld (insgesamt 5 Felder), je 3 Fäden à 2,70 m doppelt legen und in Dreifacheinhängung am unteren Rand befestigen. In die restlichen 10 Felder je 4 Fäden doppelt legen und in Doppelaufhängung einhängen.
3. Muster für ein Feld mit 3 eingehängten Fäden: Die 3 linken Fäden werden nach rechts gespannt und untereinander durch die ersten 3 Ösen am umknüpften Stab gezogen. Danach werden die 3 rechten Fäden unter dem 1., über dem 2., unter dem 3. Faden durchgeflochten und durch die ersten 3 Ösen am Stab auf der linken Seite gezogen. Dasselbe wird bis zur 7. Öse wiederholt. Aus 2 mal 3 Fäden 1 Brezelknoten knüpfen, Fäden durch Ösen am Stab ziehen. Nun werden je 3 Fäden von links nach rechts, bzw. von rechts nach links gespannt und durch die nächsten 3 Ösen gezogen. 1 mal wiederholen. Aus 2 mal 3 Fäden einen weiteren Brezelknoten arbeiten. Fäden wieder von links nach rechts, bzw. von rechts nach links, wie zuvor, spannen und bis zum oberen Rand wiederholen.
4. Muster für ein Feld mit 4 eingehängten Fäden: Rippenknotenraute: Mit den beiden mittleren Fäden einen halben Rippenknoten knüpfen (Rippenknoten nur 1 mal schlingen), mit diesen 2 Fäden als Leitfäden je eine Rippenknotenreihe schräg nach außen (Rippenknoten jetzt unbedingt 3 mal schlingen), Leitfaden durch die 3. Öse am Stab ziehen, mit den mittleren 6 Fäden einen Wellenknoten aus 2 Leit- und 2x2 Arbeitsfäden fertigen, Raute zur Mitte hin schließen. 2. Raute: Wiederholen wie 1. Raute, Leitfäden durch die 8. Öse am Stab ziehen, jedoch in der Mitte einen Brezelknoten aus 2 x 3 Fäden fertigen. Beide Rauten in derselben Reihenfolge wiederholen, jedoch an der 4. Raute die Rippenknoten nur noch 2 mal schlingen und den 2. Brezelknoten mit 2 x 2 Fäden ausführen, (die mittleren 2 Fäden werden hinter dem Brezelknoten gespannt). Mit den beiden äußeren Fäden (Arbeitsfäden) über die 6 mittleren Fäden (Leitfäden) 3 Weberknoten knüpfen. Arbeitsfäden durch 1 Öse am Stab ziehen, 10 Wellenknoten und 2½ Weberknoten fertigen.
5. Leitfäden unter, bzw. Arbeitsfäden über den oberen Rand legen und 4 Weberknoten knüpfen. (Als Arbeitsfäden von rechts und links je 1 Faden nehmen, mit dem die Stäbe umknüpft wurden – Leitfäden jeweils alle Fäden eines Feldes.) Die Weberknotenbänder nach innen legen, Fäden mit Überhandknoten versehen und abschneiden.
6. Installationskabels mit 10 m langem Faden mit Wellenknoten umknüpfen.

Dreifarbige Hängelampe

Material:

Lampenschirm mit 12 Feldern,
Höhe 27 cm, oberer ∅ 13 cm,
unterer ∅ 35 cm.
326 m Acrylgarn 3-3,5 mm ∅

Zuschnitt:

12 dunkelbraune Fäden à 4,60 m
48 hellbraune Fäden à 2,80 m
36 weiße Fäden à 3,50 m
1 hellbrauner Faden à 10 m

Knoten:

Einhängung am Stab, senkrechte und waagrechte Rippenknoten, Weberknoten, Schlingenknoten gegenseitig im Wechsel.

Arbeitsgang:
Diese Lampe wird von unten nach oben geknüpft!

1. An jedem Stab wird am unteren Rand ein 4,50 m langer, doppelt gelegter dunkelbrauner Faden gemäß Zeichnung „Einhängung am Stab“ befestigt.
Pro Stab 22 Schlingenknoten gegenseitig im Wechsel arbeiten, d. h. an jeder Seite der Stäbe 11 Knoten, Fäden hängen lassen.

2. Muster pro Feld:
Fäden doppelt legen und in folgender Reihenfolge in Doppelaufhängung am unteren Rand einhängen (siehe Zeichnung a):

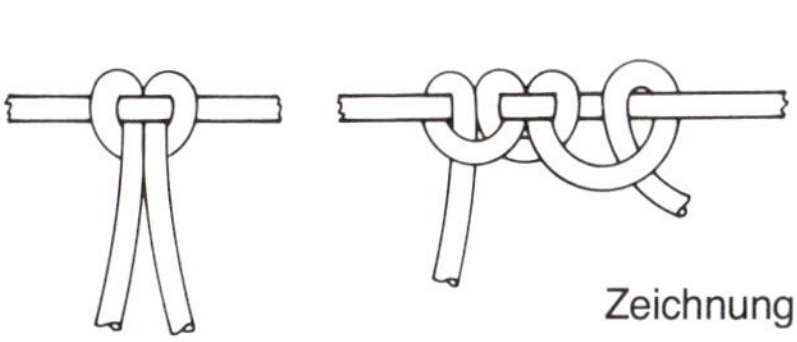

Zeichnung a

2 hellbraune, 3 weiße, 2 hellbraune Fäden. Es werden von beiden Seiten mit den hellbraunen Fäden 6 senkrechte Rippenknotenreihen zur Mitte hin gefertigt, dabei jeweils mit dem äußeren Faden als Arbeitsfaden beginnen. Siehe Zeichnung b:

Zeichnung b

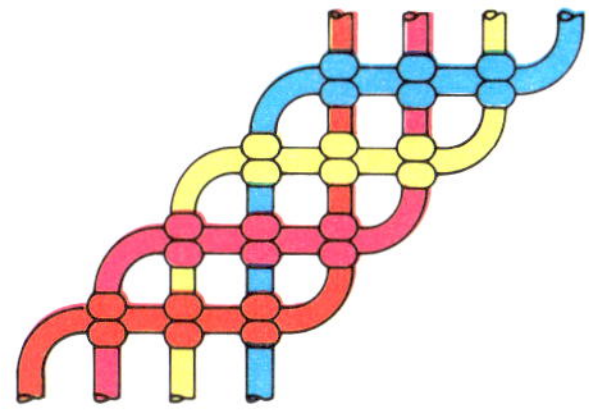

3. Von links und rechts jeweils den äußeren Faden gegeneinanderlegen, vgl. Zeichnung c, und über diese beiden Leitfäden waagrecht die mittleren 6 Fäden mit Rippenknoten anknüpfen.

Zeichnung c

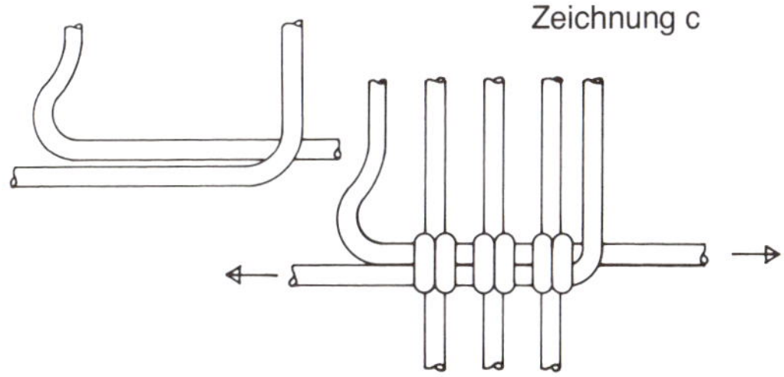

Mit den beiden Leitfäden je eine Rippenknotenreihe schräg zur Mitte hin fertigen, so daß ein Dreieck entsteht.

4. Aus den 6 weißen Fäden 2 Bänder mit 7 senkrechten Rippenknotenreihen zu den Stäben hin arbeiten, dabei jeweils mit dem inneren Faden als Arbeitsfaden beginnen. Den äußeren Faden durch die 4. Öse der umknüpften Stäbe ziehen. Diese beiden Fäden wieder gegeneinanderlegen und über beide Leitfäden waagrecht alle 12 Fäden mit Rippenknoten anknüpfen, s. Z. c. Mit je 6 Fäden (2 weiß und 4 hellbraun) und je einem Leitfaden ein Bogenmuster aus Rippenknoten fertigen, d.h. über den weißen Einlagefaden zur Mitte hin und wieder zurück jeweils 6 Rippenknoten fertigen, 1 mal wiederholen. Die beiden Fäden wieder gegeneinanderlegen und eine waagrechte Rippenknotenreihe, s. Z. c, fertigen.

5. Von beiden Seiten zur Mitte hin je eine senkrechte Rippenknotenreihe (6 Knoten – Leitfäden der waagrechten Rippenknotenreihe jeweils als Arbeitsfaden

verwenden). Mit denselben Arbeitsfäden wieder je eine senkrechte Rippenknotenreihe zum Stab – und nochmals zur Mitte hin arbeiten. Den äußeren Faden durch die 11. Öse am Stab ziehen und diese beiden Fäden wieder gegeneinanderlegen und darüber eine waagrechte Rippenknotenreihe s. Z. c fertigen.

6. Den dunkelbraunen Faden auf jeder Seite, mit dem bisher der Stab eingeknüpft wurde, als Knüpffaden für eine senkrechte Rippenknotenreihe (6 Knoten) zur Mitte hin und wieder zurück, verwenden. Mit dem dunkelbraunen Faden den restlichen Stab weiter mit Schlingenknoten gegenseitig im Wechsel umknüpfen.

7. Die beiden äußeren weißen Fäden gegeneinanderlegen und eine waagrechte Rippenknotenreihe arbeiten, danach werden links bzw. rechts die beiden äußeren weißen Fäden nach hinten genommen und verknotet oder vernäht.

8. Die 2 mittleren weißen Fäden dienen als Leitfäden für je eine Rippenknotenreihe schräg nach außen, Leitfaden durch die 14. Öse ziehen. Alle Arbeitsfäden werden gespannt und an die beiden Leitfäden, die schräg zur Mitte verlaufen, angeknüpft (Raute schließen).

9. Die beiden äußeren Fäden durch die 16. Öse ziehen, gegeneinanderlegen und eine waagrechte Rippenknotenreihe s. Z. c arbeiten. Raute Punkt 8 wiederholen.

10. Die äußeren Fäden durch die 18. Öse ziehen – 1 waagrechte Rippenknotenreihe, dabei die beiden weißen Fäden nicht mehr einknüpfen, sondern nach hinten legen, verknoten oder vernähen). Von den hellbraunen Fäden wird von jeder Seite der 2. und 4. Faden ebenfalls nach hinten genommen. Mit den übrigen 4 Fäden einen Weberknoten fertigen. Die Knüpffäden durch die nächste Öse ziehen – 1 Weberknoten – bis zum oberen Rand der Lampe wiederholen und am Rand alle Fäden mit Rippenknoten anknüpfen.

11. Abschluß: Aus je 6 Fäden ein Weberknotenband (2 Arbeits- und 4 Leitfäden) à 7 Weberknoten knüpfen. Knüpffäden mit einem Überhandknoten versehen. Fäden abschneiden und annähen, s. oberes Foto.

12. Installationskabel umknüpfen: Den 10 m langen Faden unter das Kabel legen und bis zur Dose mit Wellenknoten umknüpfen. (Das Kabel dient als Leitfaden.) Die Installationsdose kann noch mit dem restlichen Faden überklebt werden.

Hängelampe mit aufgeknüpftem Muster

Abbildung auf Seite 53

Material:

Lampenschirm mit 8 Feldern,
∅ 35 cm,
149 m hellgrünes Acrylgarn,
5 mm ∅
74 m ockerfarbenes
Acrylgarn,
5 mm ∅

Zuschnitt:

8 Fäden ocker à 3,70 m
8 Fäden ocker à 4,30 m
16 Fäden hellgrün à 4,60 m
16 Fäden hellgrün à 4,10 m
8 Fäden hellgrün à 1,20 m
1 Faden ocker 10 m.

Knoten:

Einhängung am Stab,
Schlingenknoten gegenseitig
im Wechsel, Abbinden,
Schlingenknoten gegenseitig.

Arbeitsgang:

1. An jedem Stab einen ockerfarbenen Faden à 3,70 m gemäß „Einhängung am Stab" befestigen. Stäbe mit Schlingenknoten gegenseitig im Wechsel umknüpfen (insgesamt 32 Knoten an jedem Stab). Die Schlingenknoten an jedem Stab gegengleich beginnen.

2. Muster pro Feld:
2 grüne Fäden à 4,60 m und dazwischen einen ockerfarbenen Faden à 4,30 m doppelt legen und am oberen Rand einhängen. Der linke ockerfarbene Faden wird durch die 1. Öse am umknüpften Stab auf der linken Seite, durch die 2. Öse auf der rechten, die 3. Öse auf der linken Seite usw., gezogen. Der rechte ockerfarbene Faden wird gegengleich gespannt und durch die Ösen gezogen, so daß sich beide Fäden jeweils in der Mitte kreuzen. Bis zum unteren Rand fortsetzen. (Fortsetzung S. 56)

Orange-rote Stehlampe

Material:

Lampenschirm mit 12 Feldern,
unterer ∅ 20 cm, Höhe 20 cm,
84 m rotes Acrylgarn 3,5 mm ∅,
48 m oranges Acrylgarn 3,5 mm ∅.

Zuschnitt:

24 rote Fäden à 3 m,
12 orange Fäden à 3 m,
6 rote Fäden à 2 m,
6 orange Fäden à 2 m.

Knoten:

Weberknoten, Rippenknoten.

Arbeitsgang:

1. Stäbe mit den 2 m langen Fäden abwechselnd einen Stab mit einem roten, einen Stab mit einem orangefarbenen Faden, usw., umwickeln. Fadenenden am Stab ankleben.
2. Beidseitig von jedem orange umknüpften Stab einen doppelt gelegten orangefarbenen Faden einhängen.
3. Beidseitig von jedem rot umknüpften Stab 2 doppelt gelegte rote Fäden einhängen.
4. Mit den orangefarbenen Fäden 6 Weberknoten fertigen (2 Arbeits-, 2 Leitfäden – den Stab unbedingt mit einknüpfen).
5. Mit den roten Fäden 7 Reihen versetzte Weberknoten (2 Arbeits-, 2 Leitfäden – den Stab am mittleren Knoten jeweils mit einknüpfen).
6. Jetzt wird die Lampe rundum mit versetzten Weberknoten bis zum unteren Rand geknüpft. Darauf achten, daß die Weberknoten nicht auf den Stab gesetzt werden, sondern daß der Stab mit als Leitfaden in die Mitte genommen wird.
7. Sämtliche Fäden mit Rippenknoten am unteren Rand anknoten.
8. Fäden farblich geordnet jeweils mit einem ca. 20 cm langen Fadenrest in der Gegenfarbe, zusammenknoten. Fäden ausfransen.

3. Mit den 4 grünen Fäden einen Weberknoten knüpfen. Alle grünen Fäden unter dem 1. Kreuzungspunkt der beiden ockerfarbenen Fäden, über den nächsten und unter den übernächsten Kreuzungspunkt ziehen. 2 Weberknoten arbeiten. Je einen Arbeitsfaden durch die 5. Öse an jeder Seite am umknüpften Stab ziehen – die beiden Leitfäden werden unter dem 5. Kreuzungspunkt durchgezogen.

4. 2 Schlingenknotenbänder à 9 Knoten fertigen (äußerer Faden = Leit-, innerer Faden = Arbeitsfaden). Beide Schlingenknotenbänder mit einem Weberknoten zusammenhalten. Alle 4 grünen Fäden unter dem 8. Kreuzungspunkt durchführen.

5. An beiden Seiten des 8. Kreuzungspunktes wird je ein grüner 4,10 m langer Faden doppelt gelegt und an den ockerfarbenen Fäden eingehängt. Die neu eingehängten Fäden sind die Leitfäden für je 2 Weberknotenbänder à 2 Knoten. Der äußere Arbeitsfaden wird jeweils durch die 10. Öse an beiden Seiten am Stab gezogen.

6. Fäden in 4 Gruppen aufteilen und 4 Schlingenknotenbänder arbeiten: Links und rechts je 7 Schlingenknoten gegenseitig (äußerer Faden = Arbeits-, innerer Faden = Leitfaden) und in der Mitte je 3 Schlingenknoten gegenseitig.

Die beiden mittleren Bänder mit 2 Weberknoten verbinden und weitere 3 Schlingenknoten gegenseitig fertigen.

7. In Höhe der 15. Öse je ein äußeres und ein inneres Schlingenknotenband mit einem Weberknoten zusammenhalten. Die Leitfäden des Weberknotens unter, bzw. die Arbeitsfäden über die nächsten beiden querverlaufenden ockerfarbenen Fäden legen. Einen weiteren Weberknoten fertigen.

8. Unter jeden Weberknoten 2 Bänder Schlingenknoten gegenseitig knüpfen – links bzw. rechts je 5 und in der Mitte 6 Knoten (außen ist der äußere Faden der Leitfaden, bei den beiden mittleren Bändern wird der innere Faden als Leitfaden verwendet).

Jeweils 2 Bänder mit einem Weberknoten zusammenfassen, so daß rundum ein grünes Zick-Zack-Muster entsteht.

9. Mit den ockerfarbenen Fäden (mit denen die Stäbe umknüpft wurden) werden je 8 Schlingenknoten gegenseitig bis zur Mitte der Bögen am unteren Rand des Lampenschirms gefertigt. Zusammen mit den beiden Fäden der Unterspannung einen Weberknoten knüpfen. Fäden teilen und zu den Längsstäben hin spannen. Unter den Stäben, alle Fäden mit dem 1,20 m langen Faden abbinden.

11. Das Installationskabel mit dem 10 m langen Faden mit Schlingenknoten umknüpfen (Kabel = Leitfaden). Fadenenden ankleben.

Orangefarbene Stehlampe

Abbildung auf der nächsten Seite

Material:

Lampenschirm mit 10 Feldern,
oberer ∅ 9 cm, unterer ∅ 25 cm,
147 m Acrylgarn, 3-3,5 mm ∅,
110 Großlochperlen braun, 0,8 cm ∅

Zuschnitt:

40 Fäden à 2 m,
10 Fäden à 1,80 m,
20 Fäden à 1,70 m,
10 Fäden à 1,50 m.

Knoten:

Einhängung am Stab,
Weberknoten, Wellenknoten,
Rippenknoten, Schlingenknoten
gegenseitig im Wechsel,
Schlingenknoten gegenseitig,
Überhandknoten, Abknüpfrippe.

Arbeitsgang:

Der obere Teil dieser Lampe wird rundum geknüpft!

1. An jedem Stab einen 2 m langen Faden gemäß „Einhängung am Stab" befestigen. In jedes Feld 2 Fäden à 2 m doppelt legen und am oberen Rand einhängen. Über jeden Stab 7 Wellenknoten aus 2 Arbeitsfäden knüpfen, der Stab dient als Leitfaden. Dazwischen 3 Weberknoten untereinander arbeiten. Versetzt darunter 2 Weberknoten nebeneinander (2 Arbeits-, 1 Leitfaden), dabei je einen Arbeitsfaden des Wellenknotenbandes dazunehmen. Wellenknotenband (am Stab) um weitere 5 Knoten verlängern. Mit den mittleren 4 Fäden 2 Weberknoten untereinander knüpfen. Versetzt darunter 2 Weberknoten nebeneinander (2 Arbeits-, 1 Leitfaden), wieder je einen Arbeitsfaden des Wellenknotenbandes dazunehmen.

Wellenknotenband um weitere 5 Knoten verlängern.

2. Unter die beiden mittleren Fäden wird ein 2 m langer Faden gelegt und mit einem Weberknoten angeknüpft. Mit den beiden außenliegenden Fäden als Leitfäden je eine Rippenknotenreihe schräg zur Mitte fertigen (je 2 Knoten, 3 mal schlingen). Über beide Leitfäden 1 Perle ziehen.

3. Umknüpfen der Stäbe mit Schlingenknoten gegenseitig im Wechsel, dazu die beiden Knüpffäden der Wellenknotenbänder verwenden.

4. Muster pro Feld: Die beiden rechten, bzw. linken Fäden der Rippenknotenreihe durch die 1. Öse am umknüpften Stab ziehen und anschließend je 3 Schlingenknoten gegenseitig zur Mitte hin knüpfen (oberer Faden = Leit-, unterer Faden = Arbeitsfaden). Mit einem Weberknoten beide Schlingenknotenbänder zusammenhalten.

5. Unterspannung: Ein 1,80 m langer Faden wird links und rechts durch die 2. Öse am umknüpften Stab gezogen. Die beiden Enden werden übers Kreuz gespannt und rechts und links durch die 3. Öse, 4., 5., usw., gezogen.

6. Eine Perle über die beiden mittleren Fäden ziehen, einen Überhandknoten arbeiten, eine weitere Perle aufziehen. Jeweils mit den beiden äußeren Fäden ein Band aus 5 Schlingenknoten arbeiten, (innerer Faden = Leit-, äußerer Faden = Arbeitsfaden). Beide Bänder kreisförmig um das mittlere Band legen und mit einem Weberknoten zusammenhalten (2 Arbeits-, 4 Leitfäden).

7. Rechts und links je 3 Schlingenknoten gegenseitig knüpfen (oberer Faden = Leit-, unterer Faden = Arbeitsfaden), und die Fäden durch die 5. Öse am umknüpften Stab ziehen. Links und rechts wird unter beide Fäden je ein 1,70 m langer Faden gelegt und mit einem Weberknoten angeknüpft. Über die beiden Leitfäden 1 Perle ziehen – 1 Weberknoten – 1 Perle – 1 Weberknoten. Unter die beiden mittleren Fäden einen 1,50 m langen Faden legen, mit einem Weberknoten anknüpfen und 2 weitere Weberknoten arbeiten. Alle 3 Bänder mit einem Weberknoten zusammenhalten (4 Arbeits-, 8 Leitfäden).

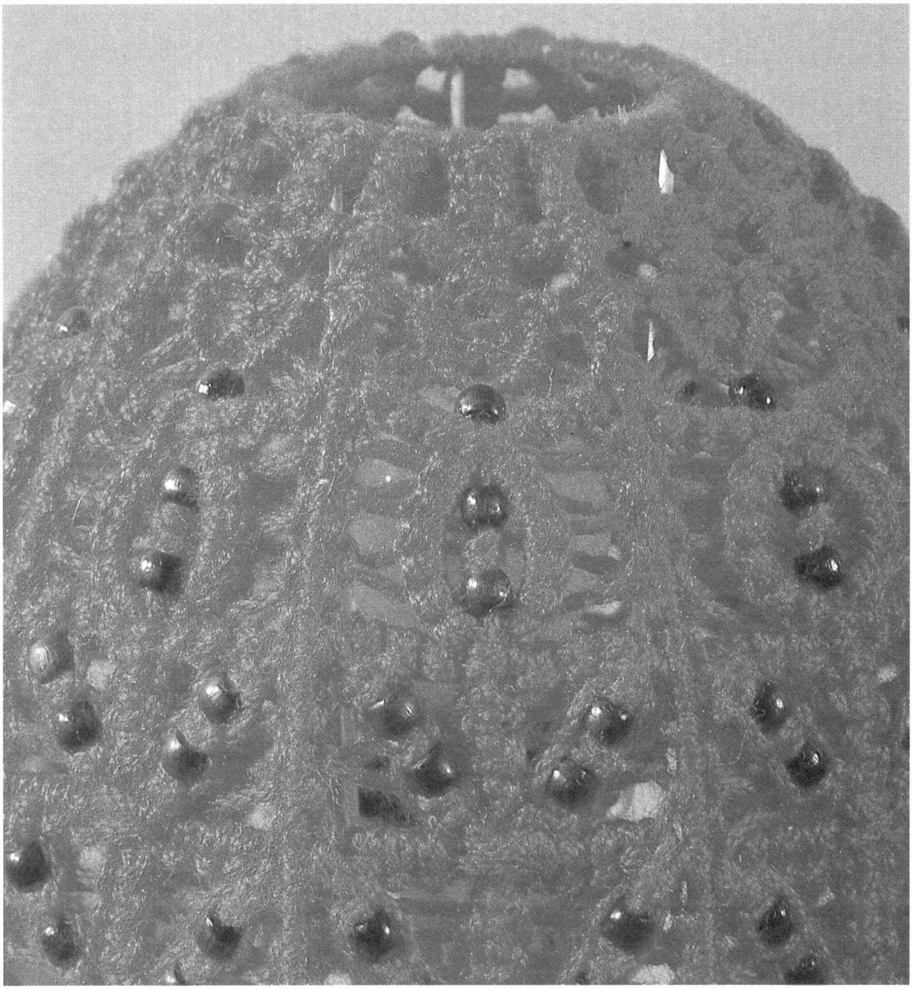

8. Nach links und rechts eine waagrechte Schlingenknotenreihe aus 3 Schlingenknoten gegenseitig (3 Leit-, 1 Arbeitsfaden) knüpfen. 2 Fäden durch die 11. Öse am umknüpften Stab ziehen. 1 Weberknoten aus 4 Fäden – 1 Perle – 1 Weberknoten – 1 Perle – 1 Weberknoten.

Mit den mittleren 4 Fäden 4 Weberknoten untereinander knüpfen. Alle 3 Bänder mit einem Weberknoten aus 8 Leit- und 4 Arbeitsfäden zusammenhalten.

Sämtliche Fäden mit Rippenknoten am unteren Stab anknüpfen.

9. Direkt unter den Längsstäben mit je 4 Fäden einen Überhandknoten arbeiten.

10. Abschluß: 3 Weberknoten, versetzt darunter 2, darunter 1 Weberknoten. Von außen schräg zur Mitte je eine Abknüpfrippe arbeiten. Mit einem Faden umwickeln und auf der Rückseite zusammenknoten. Fäden ausfransen und nach ca. 10 cm abschneiden.

Hängelampe mit braunen Holzoliven

Material:

Lampenschirm mit 10 Feldern,
10 braune Holzoliven, 5 cm lang,
170 m beige Viskosekordel,
geflochten, 6 mm ∅

Zuschnitt:

30 Fäden à 4,50 m
10 Fäden à 2 m
20 Fäden à 30 cm
1 Faden 9 m

Knoten:

Weberknoten, Rippenknoten, Schlingenknoten gegenseitig im Wechsel, Schlingenknoten, Überhandknoten.

Arbeitsgang:
Diese Lampe wird im 1. Teil (Weberknotenmuster) rundum geknüpft!

1. Die 4,50 m langen Fäden doppelt legen und am oberen Rand in jedes Feld 3 Fäden einhängen. 12 Runden versetzte Weberknoten aus 4 Fäden knüpfen. Ab der 8. Weberknotenrunde kann der Stab mit eingeknüpft werden, d.h. jeweils den Stab als Leitfaden mit dazunehmen. In jedem Feld hängen nun 6 Fäden.

2. Muster pro Feld: Die beiden äußeren Fäden gegeneinanderlegen und über beide Fäden einen Faden à 2 m doppelt legen und einhängen, mit den restlichen 4 Fäden eine waagrechte Rippenknotenreihe arbeiten, Leitfaden anziehen. Über jeden Stab 1 Weberknoten knüpfen (2 Arbeitsfäden, 1 Faden vom linken und 1 Faden vom rechten Feld nehmen – der Stab dient als Leitfaden). Die Stäbe mit diesen beiden Arbeitsfäden mit Schlingenknoten gegenseitig im Wechsel umknüpfen.

3. Unter die Rippenknotenreihe 2 Weberknoten nebeneinander aus 2 Arbeits- und 1 Leitfaden, versetzt darunter 2 Weberknoten untereinander aus 2 Arbeits- und 2 Leitfäden knüpfen. Über beide Leitfäden 1 Olive ziehen. Links und rechts je ein Band aus 4 Schlingenknoten fertigen, von den beiden nebeneinanderliegenden Weberknoten (aus je 3 Fäden) jeweils den übriggebliebenen äußeren Faden als Leitfaden nehmen. Leitfäden schräg nach außen legen und durch die Öse am umknüpften Stab ziehen. 4 weitere Schlingenknoten zur Mitte hin arbeiten. Mit den mittleren 4 Fäden unter die Olive 2 Weberknoten untereinander, aus 4 Fäden setzen. Darunter versetzt 2 Weberknoten nebeneinander, à 3 Fäden, knüpfen.

4. Sämtliche Fäden mit Rippenknoten am Stab anknüpfen und auf jeder Seite, zwischen Muster und Stab, je einen Faden à 30 cm einhängen (pro Feld 2 Fäden). Je 2 Fäden mit Überhandknoten versehen. Fäden nach ca. 10 cm abschneiden und ausfransen.

5. Umknüpfen des Installationskabels: Den 9 m langen Faden so am Kabel anlegen, daß auf einer Seite ca. 20 cm und auf der anderen Seite ca. 8,80 m Faden hängen. Den kurzen Teil des Fadens zusammen mit dem Kabel als Leitfaden verwenden, mit dem langen Teil das Installationskabel mit Schlingenknoten umknüpfen. Die Installationsdose kann mit dem restlichen Faden noch überklebt werden.

Tischlampe

Material:

Lampenschirm mit 8 Feldern, oberer Ø 11 cm, unterer Ø 27 cm, Höhe 24 cm, 20 m Acrylgarn gezwirnt, hellbeige, 3,5 mm Ø, 96 m Acrylgarn gezwirnt, rot, 3,5 mm Ø.

Zuschnitt:

4 hellbeige Fäden à 5 m, 32 rote Fäden à 3 m.

Knoten:

Schlingenknoten gegenseitig im Wechsel, Rippenknoten, Schlingenknoten.

Arbeitsgang:

1. In jedem Feld 4 doppelt gelegte rote Fäden am oberen Rand einhängen.
2. Mit einem roten Faden, von beiden Seiten, die Stäbe mit Schlingenknoten gegenseitig im Wechsel umknüpfen. Am 1. Stab mit dem rechten, am 2. Stab mit dem linken, am 3. Stab wieder mit dem rechten Arbeitsfaden usw., den 1. Schlingenknoten beginnen.
3. Jedes 2. Feld mit versetzten Weberknoten bis zum unteren Reif ausfüllen. 1. Reihe 2 Weberknoten mit 2 Arbeits- und einem Leitfaden, 2. Reihe 1 Weberknoten mit 4 Fäden, 3. Reihe 2 Weberknoten wie 1. Reihe usw.; die Außenfäden jeweils durch die Ösen am umknüpften Stab ziehen.

Alle Fäden mit Rippenknoten (3 mal schlingen) am unteren Reif anknüpfen.
4. In den restlichen 4 Feldern wird jeweils ein doppelt gelegter hellbeiger Faden in der Mitte am oberen Rand eingehängt. Die beiden weißen Fäden als Leitfäden für je eine Rippenknotenreihe schräg nach außen verwenden (je 3 Knoten). Die weißen Leitfäden durch eine Öse am umknüpften Stab ziehen, gegeneinanderlegen und über beide Leitfäden eine waagrechte Rippenknotenreihe ausführen (6 Knoten).
5. Die beiden äußersten roten Fäden als Leitfäden und die beiden hellbeigen Fäden als Arbeitsfäden für 2 Schlingenknotenbänder à 6 Knoten verwenden. Die Bänder schräg zur Mitte legen und mit den beiden hellbeigen Fäden als Arbeits- und den beiden roten Fäden als Leitfäden einen Weberknoten knüpfen. Die beiden hellbeigen Fäden nach beiden Seiten spannen und durch eine Öse am umknüpften Stab ziehen. Mit den 4 dahinterliegenden roten Fäden über diese hellbeigen Leitfäden zu beiden Seiten des Weberknotens je 2 Rippenknoten fertigen.
Muster 4 mal wiederholen, dabei die Schlingenknotenbänder pro Muster um 1-2 Knoten verlängern; bei den letzten waagrechten Rippenknoten wird 3 mal geschlungen, statt bisher 2 mal. Die beiden hellbeigen Fäden am unteren Reif in der Mitte, die beiden roten Fäden an den Seiten mit Rippenknoten anknüpfen.
6. Abschlußbögen:
Die beiden mittleren Fäden spannen und an den Seiten 2 Weberknotenbänder à 3½ Knoten (2 Arbeitsfäden – restliche Fäden sind Leitfäden) fertigen und mit einem Weberknoten verbinden. Leitfäden aufteilen und mit den Arbeitsfäden über den Stab und die Leitfäden je eine Reihe Schlingenknoten gegenseitig, je 9 Knoten, zu beiden Seiten hin knüpfen.
Fäden hinter den Längsstäben verknoten und gut vernähen.

Grüne Hängelampe

Abbildung auf der nächsten Seite

Material:
Lampenschirm mit 10 Feldern,
40 cm ∅,
218 m Makrameekordel geflochten,
6 mm ∅
Zuschnitt:
10 Fäden à 3,30 m,
20 Fäden à 4 m,
20 Fäden à 2,70 m,
20 Fäden à 2 m,
1 Faden 8 m,
1 Faden 3 m.
Knoten:
Einhängung am Stab,
Schlingenknoten gegenseitig im Wechsel,
Weberknoten,
Rippenknoten,
Brezelknoten.

Arbeitsanleitung:
Diese Lampe wird von oben nach unten geknüpft!
1. Am oberen Rand über jeden Stab einen 3,30 m langen Faden doppelt legen und gemäß „Einhängung am Stab" befestigen. Alle Stäbe mit Schlingenknoten gegenseitig im Wechsel umknüpfen, dabei am 1. Stab mit dem linken, am 2. Stab mit dem rechten, am 3. Stab mit dem linken Arbeitsfaden usw. den 1. Knoten beginnen.
2. In jedes Feld zwei 4 m lange Fäden doppelt legen und einhängen.
3. Muster pro Feld: 4 Weberknoten untereinander knüpfen – die Arbeitsfäden dabei jeweils durch eine Öse am umknüpften Stab ziehen; zwischen den einzelnen Weberknoten etwas Abstand lassen. Arbeitsfäden durch die 5. Öse ziehen und durch die 6. Öse einen Faden à 2,70 m so durchziehen, daß beide Enden gleichlang sind. 8 Reihen versetzte Weberknoten knüpfen (1. Reihe mit 2 Weberknoten beginnen, Außenfäden

jeweils durch eine Öse am Stab ziehen). An der 10. Öse einen 2 m langen Faden wie oben zur Hälfte durchziehen und mit 2 untereinanderliegenden Weberknoten befestigen.

4. Raute mit Brezelknoten:
Die beiden mittleren Fäden als Leitfäden für eine Rippenknotenreihe schräg nach außen verwenden und durch eine Öse am Stab ziehen. Mit 2 x 3 Fäden einen Brezelknoten fertigen – die beiden inneren Fäden hinter dem Brezelknoten spannen. Rippenknotenraute zur Mitte hin schließen (alle Fäden anknüpfen).

5. Raute mit Flechtmuster:
Rippenknotenreihe wie Punkt 4, mit den mittleren 10 Fäden das Flechtmuster laut Foto arbeiten. Raute schließen.

6. Rauten abwechselnd mit Brezelknoten oder Flechtmuster ausfüllen.

7. 3 Reihen versetzte Weberknoten knüpfen.

8. Rechts und links einen weiteren und in der Mitte 2 Weberknoten untereinander fertigen.

9. Alle Fäden mit Rippenknoten am unteren Rand anknoten.

10. Parallel zum unteren Rand an der Innenseite eine weitere Rippenknotenreihe mit dem 3 m langen Faden als Leitfaden arbeiten. Knoten fest anziehen! Fäden abschneiden.

11. Umknüpfen des ca. 60 cm langen Installationskabels: Unter das Kabel den 8 m langen Faden legen und mit Wellenknoten umknüpfen. Die Installationsdose kann mit dem restlichen Faden überklebt werden.

Vierfarbige Hängelampe

Material:
Lampenschirm mit 12 Feldern
Viskosegarn 3,5 mm ∅
51,60 m sandfarben,
51,60 m dunkelgrün,
21 m hellgrün,
21 m hellbeige.
Zuschnitt:
6 Fäden hellbeige à 3,50 m,
6 Fäden hellgrün à 3,50 m,
12 Fäden sand à 4,30 m,
12 Fäden dunkelgrün à 4,30 m,
1 Faden dunkelgrün 10 m.
Knoten:
Weberknoten,
Rippenknoten,
Überhandknoten.

Arbeitsgang:

1. Alle Fäden (bis auf den 10 m langen Faden) doppelt legen und wie folgt am oberen Rand einhängen:

1. Feld: 1 dunkelgrüner – 1 hellgrüner – 1 dunkelgrüner Faden.

2. Feld: 1 sandfarbener – 1 hellbeiger – 1 sandfarbener Faden.

3. Feld wie 1. Feld – 4. Feld wie 2. Feld, usw.

2. Muster pro Feld: 2 nebeneinanderliegende Weberknoten knüpfen (2 Arbeits-, 1 Leitfaden), rechten Knoten mit dem rechten Arbeitsfaden, linken Knoten mit dem linken Arbeitsfaden, beginnen. Die beiden äußeren Fäden von oben her um die Außenstäbe schlingen. Versetzt darunter 1 Weberknoten aus 4 Fäden. Dieses Muster bis zum unteren Rand der Lampe fortsetzen und mit 2 nebeneinanderliegenden Weberknoten abschließen. Beide Außenfäden an jeder Seite 2 mal, statt bisher 1 mal um den Stab schlingen.

3. Alle Fäden mit Rippenknoten (3 mal schlingen) am unteren Rand anknüpfen. Jeden Faden mit einem Überhandknoten versehen, abschneiden und ausfransen.

4. Mit dem 10 m langen Faden wird das Installationskabel mit Wellenknoten umknüpft.

Stehlampe mit Holzperlen

Material:
Lampenschirm mit 6 Feldern,
oberer ∅ 18 cm,
unterer ∅ 22 cm,
Höhe 25 cm,
204 braune Großlochperlen 8 mm ∅,
170 m Acrylgarn gezwirnt 3,5 mm ∅
Zuschnitt:
6 Fäden à 3,30 m,
60 Fäden à 2,50 m.
Knoten:
Einhängung am Stab, Schlingenknoten gegenseitig im Wechsel, Überhandknoten, Weberknoten, Rippenknoten.

Arbeitsgang:

1. Am oberen Rand über jeden Stab einen 3,30 m langen Faden doppelt legen und gemäß „Einhängung am Stab“ befestigen. Alle Stäbe mit Schlingenknoten gegenseitig im Wechsel umknüpfen.
2. In jedem Feld 10 Fäden à 2,50 m doppelt legen und am oberen Rand einhängen.
3. Muster pro Feld: Eine Reihe Weberknoten (2 Arbeits-, 2 Leitfäden), über die Leitfäden 1 Holzperle ziehen, dieses Muster 2 mal wiederholen. Versetzt darunter eine weitere Weberknotenreihe arbeiten.
4. Mit den beiden mittleren Fäden einen halben Rippenknoten ausführen (1 mal schlingen). Diese beiden Fäden als Leitfäden für eine Rippenknotenreihe schräg nach außen verwenden (2 mal schlingen). Leitfäden durch eine Öse am Stab ziehen. Mit den mittleren 8 Fäden einen Weberknoten aus 4 Leit- und 2 x 2 Arbeitsfäden fertigen. Den jeweils danebenliegenden Faden als Leitfaden für eine weitere Rippenknotenreihe schräg zur Mitte verwenden (je 4 Knoten). Links und rechts davon je einen Weberknoten (8 Fäden) arbeiten. Die beiden Rippenknotenreihen schräg nach außen um weitere 4 Knoten verlängern.

Mit den beiden äußeren Fäden eine Rippenknotenreihe (je 4 Knoten) zur Mitte hin knüpfen. Beide Rauten mit einem Rippenknoten (aus beiden Leitfäden) schließen.

5. Über die beiden äußeren Fäden 2 Holzperlen, über die beiden nächsten Fäden eine Holzperle ziehen. Perlen versetzt anordnen.

Mit den mittleren 8 Fäden einen weiteren Weberknoten fertigen. Von beiden Seiten je 4 Rippenknoten zur Mitte hin arbeiten, Raute schließen.

6. Punkt 4 gegengleich wiederholen.

7. Punkt 3 gegengleich wiederholen.

8. Alle Fäden mit Rippenknoten am unteren Rand anknüpfen.

9. Abschlußborte: Mit jeweils 6 Fäden (2 Arbeits-, 4 Leitfäden) eineinhalb Weberknoten knüpfen. Je 2 nebeneinanderliegende Arbeitsfäden mit einem Überhandknoten versehen.

Fäden nach ca. 5 cm abschneiden und die mit Überhandknoten versehenen Fäden ausfransen.

Exotische Sisallampe

Abbildung auf Seite 71

Material:

1 Metallring 8 cm ∅,
1 Metallring 15 cm ∅,
2 Metallringe 20 cm ∅,
1 Metallring 25 cm ∅,
1 Metallring 30 cm ∅,
1 Metallring 25 cm ∅ und Installationsvorrichtung, Kabel 60 cm,
15 geflammte Holzoliven 5 cm lang,
36 geflammte Holzkugeln 2 cm ∅,
366,80 m Sisal 2fach (3 mm ∅)

Zuschnitt:

12 Fäden à 12 m,
16 Fäden à 7 m,
16 Fäden à 6 m,
4 Fäden à 1,20 m,
1 Faden 8 m,
1 Faden 2 m.

Knoten:

Doppelaufhängung,
Weberknoten,
Rippenknoten,
Wellenknoten,
Abbinden,
Kettknoten.

Arbeitsgang:

1. Am Ring (8 cm ∅) die 12 m langen Fäden doppelt legen und mit Doppelaufhängung befestigen. 4 Weberknotenbänder, je 3 Knoten, aus 2 Arbeits- und 2 Leitfäden knüpfen, Arbeitsfäden hängen lassen. Zwischen jedem Weberknotenband sind noch 2 Fäden übrig. Mit einem Faden von links und rechts einen Weberknoten über dieselben Leitfäden arbeiten; Leitfäden durch eine Holzolive ziehen. Arbeitsfäden des letzten Weberknotens in leichtem Bogen um die Holzolive legen und mit einem Weberknoten anknüpfen. Mit den Arbeitsfäden des 3. Knotens einen weiteren Knoten darunter fertigen. Die Arbeitsfäden des 5. Knotens nach vorne nehmen und einen Weberknoten arbeiten, Arbeitsfäden des 6. Knotens nach vorne nehmen und einen Weberknoten knüpfen, Muster bis zum 13. Knoten nach der Olive fortsetzen. Alle Fäden mit Rippenknoten am 2. Reif (15 cm ∅) anknüpfen.

2. Zwischen jedes Weberknotenband 4 Fäden à 7 m doppelt legen und am Ring in Doppelaufhängung befestigen. 5 Runden versetzte Wellenknotenbänder (à 3 Knoten) fertigen. Je 2 Leitfäden durch eine Holzkugel ziehen und das Muster mit 2 weiteren Reihen versetzten Wellenknoten abschließen. Alle Fäden am Ring (25 cm ∅) mit Installationsvorrichtung, mit Rippenknoten anknüpfen.

3. Insgesamt 16 Fäden doppelt legen (6 m) und in den Zwischenräumen in Doppelaufhängung einhängen (in 12 Zwischenräume je 1 Faden, in 2 Zwischenräume je 2 Fäden).

4. 1. Runde: 2 Weberknoten untereinander (2 Arbeits-, 2 Leitfäden),
2. Runde: Versetzt darunter 1 Weberknoten,
3. Runde: Versetzt darunter 2 Weberknoten,
4. Runde: Versetzt darunter 1 Weberknoten,
5. Runde: Versetzt darunter 2 Weberknoten.

5. Fenstermuster: Mit den Fäden von jedem 2. Weberknotenband je 2 Schlingenknotenbänder à 7 Knoten knüpfen (äußere Fäden = Leitfäden, innere Fäden = Arbeitsfäden), je 2 Schlingenknotenbänder versetzt mit einem Weberknoten zusammenhalten. 2 weitere Schlingenknotenbänder à 7 Knoten arbeiten (Leitfäden der Weberknoten sind auch die Leitfäden der Schlingenknotenbänder) und mit 2 Weberknoten untereinander verbinden. Von den dazwischenliegenden Weberknotenbändern jeweils die 2 nebeneinanderliegenden Arbeitsfäden durch eine Holzolive ziehen, so daß die Olive von den Schlingenknotenbändern umrahmt

wird. Die gespannten Leitfäden hinter den Schlingenknotenbändern wieder nach außen legen und mit denselben Arbeitsfäden 2 Weberknoten untereinander knüpfen.

6. Punkt 4, 2. bis 5. Runde einmal wiederholen.

7. Alle Fäden mit Rippenknoten am Ring (25 cm ∅) anknoten.

8. Mit je 4 Fäden 8 cm Wellenknoten arbeiten und am Ring mit 30 cm ∅ mit Rippenknoten anknüpfen.

9. 7 Runden versetzte Weberknoten, mit Rippenknoten am Ring (20 cm ∅) befestigen.

10. Mit je 4 Fäden eine Runde Wellenknotenbänder aus jeweils 8 Fäden arbeiten. Versetzt darunter eine Runde Weberknoten knüpfen. Die beiden Leitfäden durch eine Holzkugel ziehen und mit einer weiteren Runde Weberknoten die Holzkugeln halten.

11. Den letzten Ring (20 cm ∅) mit Rippenknoten einknüpfen.

12. 1 Runde Weberknotenbänder à 3 Knoten (2 Arbeits-, 2 Leitfäden), versetzt darunter eine Runde Weberknotenbänder à 3 Knoten (2 Arbeits-, 4 Leitfäden), versetzt darunter folgt eine weitere Weberknotenreihe (2 Arbeits-, 4 Leitfäden).

13. Alle Fäden zusammennehmen und mit dem 2 m langen Faden fest abbinden. Fäden nach ca. 30 cm abschneiden und ausfransen.

14. Das Kabel vom Ring (mit Installationsvorrichtung) zur Dose mit dem 8 m langen Faden mit Wellenknoten umknüpfen (das Kabel dient als Leitfaden). Installationsdose umkleben.

15. Am Ring (8 cm ∅) zwischen jedes Weberknotenband einen 1,20 m langen Faden einhängen und 8-10 Kettknoten knüpfen. Alle 4 Kettknotenbänder nach oben nehmen und gut miteinander verknoten.

Rustikale Stehlampe

Material:

Lampenschirm mit 8 Feldern,
oberer ∅ 22 cm, unterer ∅ 32 cm,
Höhe 26 cm,
60 geflammte Holzkugeln 2 cm ∅,
20 geflammte Holzoliven 4,5 cm lang,
135,50 m Makrameekordel
geflochten, 6 mm ∅.

Zuschnitt:

40 Fäden à 2,70 m,
11 Fäden à 2,50 m.

Knoten:

Weberknoten,
Kettknoten,
Rippenknoten,
Überhandknoten.

Arbeitsgang:
Diese Lampe wird rundum geknüpft!

1. Mit den 2,50 m langen Fäden alle Längsstäbe umwickeln und Fadenenden ankleben.
2. Die 3 m langen Fäden doppelt legen und am oberen Rand einhängen, dabei jeden 2. Faden in Doppelaufhängung befestigen.
3. Mit 2 Runden versetzten Weberknoten (2 Arbeits-, 2 Leitfäden) beginnen. Je 2 nebeneinanderliegende Arbeitsfäden durch eine Holzkugel ziehen. Unter jede Kugel einen Weberknoten knüpfen. 2 Arbeitsfäden durch eine Holzolive ziehen. Über die gespannten Leitfäden mit je einem Arbeitsfaden von rechts und von links einen weiteren Weberknoten fertigen. Die Leitfäden durch eine Holzkugel ziehen. 2 Runden versetzte Weberknoten arbeiten.
4. Unter jeden 2. Weberknoten 2 Bänder aus 3 Kettknoten knüpfen. Kettknotenbänder spreizen und am Reif anknüpfen.
5. Mit den restlichen Fäden eine Runde versetzte Weberknoten hinter den Kettknotenbändern arbeiten, Fäden spannen und mit Rippenknoten am Reif anknüpfen.
6. Es folgt zwischen beiden Reifen eine Runde Weberknoten aus 2 Arbeits- und 2 Leitfäden.
7. Alle Fäden mit Rippenknoten am unteren Reif befestigen.
8. Abschlußmotiv aus 4 Fäden:

Die beiden mittleren Fäden durch eine Holzkugel ziehen, darunter einen Weberknoten knüpfen und mit Überhandknoten absichern. Fäden abschneiden und ausfransen.

Hängelampe aus 3 Kugeln

Material:

3 Lampenschirme, Kugelform, mit je 10 Feldern, ∅ 19 cm,
3 Installationskabel 90 cm lang.
Holzdreieck, 30 cm lang, 4 cm breit, 2 cm tief (pro Schenkel)
84 m Acrylgarn dunkelbeige 2,5 - 3 mm ∅
180 m Acrylgarn rost 2,5 - 3 mm ∅

Zuschnitt pro Kugel:

10 Fäden dunkelbeige à 2,80 m
20 Fäden rost à 2,50 m
1 Faden rost 10 m

Knoten:

Weberknoten,
Rippenknoten,
Überhandknoten,
Wellenknoten

Arbeitsgang:

Diese Lampe wird von unten nach oben geknüpft!

1. In jedem Feld einen beigen Faden doppelt legen und in der Mitte einhängen. Stäbe mit Weberknoten umknüpfen, dabei die Knoten ziemlich locker lassen, (als Arbeitsfaden je 1 Faden von links und von rechts nehmen, der Stab dient als Leitfaden).

2. Beidseitig von jedem beigen Faden einen doppelt gelegten rostfarbenen Faden einhängen.

3 Weberknoten untereinander knüpfen, (2 Arbeits- und 2 Leitfäden).

3. Arbeitsfäden durch eine Öse am umknüpften Stab ziehen.

4. Einen weiteren Weberknoten fertigen.

5. Punkt 3 und 4 im Wechsel bis zum oberen Rand der Kugel fortsetzen.

6. Beige Fäden mit Rippenknoten am oberen Ring anknüpfen. 2 rostfarbene Fäden über und 2 unter den Ring legen und aus 2 Arbeits- und 4 Leitfäden 2 Weberknoten fertigen. Sämtliche Fäden mit einem

Überhandknoten versehen und nach ca. 2 cm abschneiden.

7. Umknüpfen der Installationskabel: Unter jedes Kabel einen 10 m langen Faden legen und mit Wellenknoten umknüpfen, in verschiedenen Höhen beenden (ca. 45-55 cm), das Kabel dient als Leitfaden. Die Kabel samt Arbeitsfaden jeweils durch ein Loch am Holzdreieck ziehen. Über jedes Kabel weitere 20 cm Wellenknoten knüpfen. Alle Kabel durch die Installationsdose ziehen. Die Dose kann mit einem Faden überklebt werden. Die restlichen Fäden festkleben.

Grüne Hängelampe

Material:

Lampenschirm und Installation
oberer Teil 6 Felder,
unterer Teil 16 Felder,
Höhe 20 cm, oberer ∅ 16 cm,
unterer ∅ 35 cm
221 m Acrylgarn 3-3,5 mm ∅
16 rote Großlochperlen 1,2 cm ∅
18 rote Großlochperlen 0,8 cm ∅
32 rote Holzoliven, Länge 2 cm

Zuschnitt:

60 Fäden à 3,30 m,
4 Fäden à 3,20 m,
1 Faden 10 m für Aufhängung

Knoten:

Wellenknoten, Weberknoten, Schlingenknoten gegenseitig im Wechsel, Schlingenknoten gegenseitig, Kettknoten, Rippenknoten.

Arbeitsgang:

1. In jedes der 6 Felder 10 Fäden à 3,30 m doppelt legen und am oberen Rand einhängen. Mit jeweils 2 Fäden die 6 Stäbe bis zum 2. Ring mit Schlingenknoten gegenseitig im Wechsel umknüpfen. In jedem Feld 6 Wellenknotenbänder (1 Leit-, 2 Arbeitsfäden) bis zum nächsten Ring fertigen.

2. Am 2. Ring wird in jedem 4. Feld ein Faden à 3,20 m eingehängt. Alle anderen Fäden so am 2. Ring mit Rippenknoten anknüpfen, daß in jedem der 16 Felder 8 Fä-

den hängen. Zunächst werden die Stäbe mit Schlingenknoten gegenseitig im Wechsel (Stab = Leitfaden) eingeknüpft, dabei am 1. Stab mit dem rechten, am 2. Stab mit dem linken, am 3. Stab wieder mit dem rechten Faden, den 1. Knoten beginnen. Es bleiben in jedem Feld noch 6 Fäden übrig.

3. Muster pro Feld: Rechts und links den äußeren Faden durch die 3. Öse am umknüpften Stab ziehen, und mit beiden Fäden, über die restlichen 4 Fäden einen Weberknoten arbeiten. Mit den beiden mittleren Fäden einen Kettknoten fertigen. Die beiden rechten und linken Fäden jeweils durch die nächste Öse ziehen. Fäden zur Mitte nehmen und mit 4 Leit- und 2 Arbeitsfäden einen Weberknoten knüpfen. Auf jeder Seite mit den äußeren 2 Fäden 4 Schlingenknoten gegenseitig knüpfen (äußerer Faden = Arbeitsfaden, innerer Faden = Leitfaden). Beide Schlingenknotenbänder schräg nach außen legen, die Arbeitsfäden durch die nächstliegende Öse ziehen; beide Fäden gegeneinanderlegen, mit den mittleren 4 Fäden über diese beiden Leitfäden eine waagrechte Rippenknotenreihe arbeiten.

3 Kettknotenbänder à 2 Knoten fertigen. Die beiden äußeren Fäden durch die danebenliegende Öse ziehen, beide Fäden wieder gegeneinanderlegen und eine waagrechte Rippenknotenreihe knüpfen. Mit je 3 Fäden 1 Weberknoten und darunter mit den mittleren Fäden einen weiteren Weberknoten arbeiten (1. Reihe 2 Knoten, 2. Reihe versetzt darunter 1 Knoten). Auf jeder Seite mit den beiden äußeren Fäden 3 Schlingenknoten gegenseitig (äußerer Faden = Leit-, innerer Faden = Arbeitsfaden) fertigen, die Schlingenknotenbänder schräg nach außen legen und jeweils den Leitfaden durch die nächste Öse ziehen. Weitere 4 Schlingenknoten gegenseitig knüpfen. Mit den beiden mittleren Fäden 4 Kettknoten, die Schlingenknotenbänder zur Mitte nehmen und mit den beiden Leitfäden einen Weberknoten über die mittleren 4 Fäden fertigen. Rechts und links folgen jeweils 3 Schlingenknoten gegenseitig. Bänder nach außen legen und Leitfäden durch Öse am Stab ziehen. Links und rechts 1 Kettknoten, beide Fäden durch 1 Olive ziehen, ein weiterer Kettknoten. Die beiden mittleren Fäden durch 1 Holzkugel 1,2 cm ∅, ziehen und 5 Schlingenknoten arbeiten. Alle Fäden zur Mitte nehmen und mit 2 Arbeits- und 4 Leitfäden einen Weberknoten knüpfen.

4. Sämtliche 128 Fäden mit Rippenknoten am unteren Rand anknüpfen.

5. Unter jedem Feld mit den mittleren 6 Fäden 2 Weberknoten (2 Knüpf-, 1 Leitfaden) und darunter mit den mittleren 4 Fäden einen weiteren Weberknoten arbeiten. Von jeder Seite den nächsten Faden, (mit dem der Stab eingeknüpft wurde!), zur Mitte hin gegeneinanderlegen und über beide Fäden eine Rippenknotenreihe leicht nach unten gebogen knüpfen. Fäden nach ca. 8 cm abschneiden und ausfransen.

Die Fransen werden gleichmäßig glatt und flauschig, wenn man sie über heißen Wasserdampf hält.

6. Umknüpfen des Installationskabels: Den 10 m langen Faden unter das Kabel legen und 15 Wellenknoten fertigen (das Kabel dient als Leitfaden). Auf jeden Faden eine Perle 0,8 cm ∅ ziehen, Punkt 6 noch 8 mal wiederholen, 15 Wellenknoten. die Installationsdose kann mit einem der beiden Fäden noch überklebt werden.

Rustikale Hängelampe

Material:

Lampenschirm mit 8 Feldern,
Höhe 22 cm, oberer ∅ 25 cm,
unterer ∅ 40 cm (4 Ringe),
Installation
16 grüne Holzkugeln 2 cm ∅,
171,20 m Viskosekordel geflochten,
6 mm ∅

Zuschnitt:

48 Fäden à 3,40 m,
1 Faden 8 m.

Knoten:

Einhängung am Stab,
Schlingenknoten gegenseitig im Wechsel,
Schlingenknoten,
Weberknoten, Rippenknoten,
Überhandknoten.

Arbeitsgang:

1. Über jeden Stab einen Faden doppelt legen und gemäß „Einhängung am Stab" befestigen.
2. Fäden spannen und um den 2. Reif schlingen wie aus der Zeichnung ersichtlich.
3. Stäbe bis zum nächsten Reif mit Schlingenknoten gegenseitig im Wechsel umknüpfen. Am 1. Stab mit dem rechten Faden, am 2. mit dem linken, am 3. Stab wieder mit dem rechten Faden usw., den 1. Schlingenknoten beginnen.
4. Pro Feld 5 Fäden doppelt legen und am oberen Reif einhängen. Punkt 2 wiederholen.

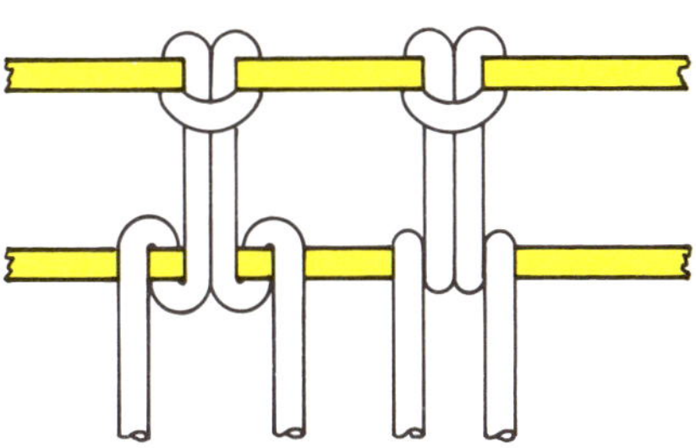

Muster pro Feld:

5. Die beiden mittleren Fäden durch eine Holzkugel ziehen. Darunter einen Überhandknoten knüpfen.
Rechts und links je ein Band aus 6 Schlingenknoten fertigen, dabei jeweils die 3 inneren Fäden als Leit- und den äußeren Faden als Arbeitsfaden verwenden. Alle Fäden mit einem Weberknoten zusammenhalten (8 Leit-, 2 Arbeitsfäden).
6. Die beiden Arbeitsfäden durch die 3. Öse am Stab ziehen. Auf jeder Seite 4 Leitfäden untereinander jeweils durch eine Öse ziehen. Auf jeder Seite den Arbeitsfaden des Weberknotens als Leit- und den nächsten Faden als Knüpffaden für je ein Schlingenknotenband aus 6 Knoten nehmen.
Beide Bänder schräg zur Mitte legen und mit einem Weberknoten verbinden. Über die beiden Leitfäden 1 Holzkugel ziehen. Ein weiterer Weberknoten. Nach jeder Seite ein Schlingenknotenband aus 6 Knoten (innerer Faden = Arbeits-, äußerer Faden = Leitfaden) knüpfen. Leitfaden durch die letzte Öse direkt über dem Reif ziehen.
7. Alle Fäden mit Rippenknoten am 3. Reif befestigen. Um jeden Längsstab den rechts danebenliegenden Faden mehrmals schlingen und mit einem Rippenknoten am letzten Reif anknüpfen.
9. In jedem Feld 3 Weberknoten nebeneinander arbeiten (rechts und links aus 4, in der Mitte aus 3 Fäden).
10. Abschlußdreieck aus 6 Fäden: Mit den mittleren 4 Fäden 1 Weberknoten, mit dem rechten und linken Faden als Leitfaden je eine Rippenknotenreihe schräg zur Mitte hin knüpfen. Jeden Faden mit einem Überhandknoten versehen. Fäden abschneiden und ausfransen.
11. Umknüpfen des Installationskabels mit dem 8 m langen Faden, der so unter das Kabel gelegt wird, daß auf einer Seite 0,60 und auf der anderen Seite 7,40 m hängen. Mit dem langen Faden das Kabel mit Schlingenknoten umknüpfen.

ISBN 3-7724-0387-5 · Best.-Nr. 694

 2. Auflage
frech-verlag
GmbH + Co. Druck KG Stuttgart

Druck: Frech, Stuttgart